D1619055

Verlag 3.0

sara reichelt

LIES MICH

Verlag 3.0

sara reichelt
LIES MICH
Gegenwartsliteratur

ISBN-Print: 978-3-95667-048-0   Edition BUCH[+eBook]
ISBN-eBooks: 978-3-95667-049-7   epub
                978-3-95667-050-3   mobi

© 2014 Verlag 3.0 Zsolt Majsai,
50181 Bedburg, Neusser Str. 23 | http://buch-ist-mehr.de

Sollten Sie Fragen oder Anregungen haben, können Sie gerne
eine E-Mail senden an service@verlag30.de

Lektorat: Hubert Quirbach | www.sprache-und-auge.de
Umschlaggestaltung: Attila Hirth | www.kurziv.hu
Titelbild: Jeannette de Payrebrune | www.payrebrune-art.de
Satz und Layout: Olaf Lange, 69126 Heidelberg
eBook-Erstellung: Gerd Schulz-Pilath | datamorgana@mac.com

Urheberrecht der Collage auf dem Umschlag und im Buch:
Jeannette de Payrebrune | www.payrebrune-art.de

Printed in EU

Bibliografische Information der Deutschen Nationalbibliothek
Die Deutsche Nationalbibliothek verzeichnet diese Publikation in
der Deutschen Nationalbibliografie; detaillierte bibliografische Daten
sind im Internet über http://dnb.ddb.de abrufbar.

Vorgeschichte

Bevor ich geboren wurde, war alles weiß. Bevor ich geboren wurde, hätte ich alles werden können. Der erste Satz zerstörte das Weiß und machte das übrige Weiß umso weißer. Zu diesem Satz gesellte sich ein zweiter, der einen dritten nach sich zog, der einen vierten mit sich brachte. So begann ich zu wachsen und spürte wonnevoll, wie sich meine Seiten füllten. Ich war noch nicht in dieser Welt, aber ich fühlte mich bereits lebendig. Noch wusste niemand von mir, aber ich wusste, dass ich weiter wachsen würde. Nach zwölf Tagen und Nächten mit sich füllenden Seiten kamen viele weitere Tage und Nächte, in denen kein einziges Wort den Weg auf das Weiß fand. Ich fühlte mich verlassen, vernachlässigt, ungewollt. Warum es nicht weiterging, entzog sich meinem Verständnis, denn ich glaubte an mich. Auch wenn ich noch spindeldürr war und man sich noch, ohne ein Inhaltsverzeichnis zu benötigen, in mir zurechtgefunden hätte, enthielt ich bereits alles Wesentliche. Es waren meine Kapitel angelegt und mein späteres Ausmaß definiert. Es gab bereits eine kurze Zusammenfassung meines zukünftigen Inhalts, die mir auf den Rücken geschrieben werden sollte. Als ich fast jegliche Hoffnung aufgegeben hatte, wurden neue Wörter in mich hineingeschrieben, die sich als Sätze aneinanderreihten und zu Textblöcken verdichteten. Mehrere Textblöcke wurden zu Kapiteln, die Überschriften erhielten. Meine ausufernden Seiten bekamen ungerade und gerade Zahlen, um sich besser in mir zurechtzufinden. Während ich am Anfang noch namenlos war und alles hätte werden können, defilierten, je mehr ich an Gewicht und Gestalt gewann, umso mehr mögliche Namen an mir vorbei.

Es lohnte sich jedoch für mich noch nicht, mir meine möglichen Titel und Untertitel ins Gedächtnis einzuprägen. Als ich von meiner Schöpferin zur Rohfassung erklärt worden war, begann sie mit anderen über meine bevorstehende Geburt zu reden, was dazu führte, dass weitere, neue Namen für mich ins Gespräch kamen und später einige von ihnen in die engere Wahl. Letztendlich sollte ich LIES MICH heißen, denn dieses Bestreben, dieses Ansinnen, diese Hoffnung beschrieb am besten, was in mich hineingeschrieben und wofür ich auf die Welt gekommen war. Als mich meine Schöpferin zum ersten Mal gesehen hatte, nahm sie mich direkt in ihre Hände und streichelte meine Seiten. Es war keine allzu schwere Geburt gewesen, obwohl sie alles ganz alleine durchstehen musste. Niemand hatte ihr dabei helfen wollen, mich auf die Welt zu bringen. Auch wenn ich schmächtig war und es mich nur fünfundzwanzigfach gab, war sie sehr stolz auf mich. Sie trug mich und die anderen vierundzwanzig in einem kleinen Karton eigenhändig in ihre Wohnung hoch. Mich stellte sie gut sichtbar auf ein Regal, während die anderen im Karton bleiben mussten. Dann machte sie sich mit mir auf den Weg, um mich und die anderen auf den Weg zu bringen, damit sie wegkamen, um ihrer Bestimmung nachzukommen. Sie sollten allesamt gelesen werden. Danach, so hatte es die Schöpferin geplant, würde sie neue Klone von uns erzeugen lassen und wieder neue und wieder neue und das so lange, bis genügend Leser gefunden worden wären und sie sich der Erschaffung eines anderen Buches widmen würde.

Ur-Buch oder Buch Nummer eins:
LAUFEN (I)

– Laufen lernen ist ein nahezu natürlicher Vorgang, sagten die einen.

– Laufen muss gelernt werden, sagten die anderen.

– Wer oder was läuft oder nicht läuft, ist eine Frage des Marktes.

Es war einmal ein neugeborenes Buch, das nicht laufen lernte. Es war nicht in der Lage zu laufen, weil seine Schöpferin unbekannt war, bekam es zu hören. Zudem würden gedruckte Bücher heutzutage sowieso immer schlechter laufen, woran weder es selbst noch seine Erzeugerin schuld wären. Womöglich würde es mit einem anderen Titel oder gar in Kombination mit einer Tangomusik-CD besser laufen lernen, wurde dem Buch und dessen Schöpferin mitgeteilt.

– Dann nennt mich doch „Buchstabentango", sagte das Ur-Buch zu den Meistern der Bücherwelt.

– Du bist zwar kein Tango, aber dieser Titel könnte bei potenziellen Lesern tatsächlich gut ankommen. Dennoch wirst du nicht laufen.

– Ich verstehe das alles nicht. Warum reichen in Worte gegossene Gedanken nicht mehr aus, um zu laufen?, wunderte es sich.

– Die Zeiten haben sich geändert. Zumindest hier in Deutschland. Vielleicht wäre es in Buenos Aires für dich einfacher mit dem Laufen. Nur dafür müsstest du erst ins Spanische übersetzt werden, sagten die Meister des Literaturbetriebs.

– Bei dem Gedanken an eine derartige Verwandlung wird mir schwindelig. Andererseits würde ich gerne gemeinsam mit vielen Klonen meiner selbst in einer der unzähligen Buchhandlungen der Avenida Corrientes liegen oder stehen.

– Träume weiter, liebes Buch, aber so wird das nichts!

– Was läuft denn so im Moment?, beharrte das Buch.

– Französische Gedichte laufen, doch nur, wenn sie bei einer Kulturveranstaltung mit einem Drei-Sterne-Menü und Wein kombiniert werden.

– Was hat denn Essen und Trinken inhaltlich mit französischen oder sonstigen Gedichten zu tun?

– Auf die Inhalte kommt es immer weniger an, eher auf die Verpackung.

– Dann verpackt mich eben gemeinsam mit argentinischem Tango, sodass ich mit ihm laufe oder neben ihm herlaufe.

– Das wäre einen Versuch wert, denn Musik ist für viele leichter zugänglich als das Wort.

– Das habe ich nicht gewusst, meinte das Buch Nummer eins und schloss erstaunt seinen Deckel.

DER TRAUM VOM SEIL

In der Nacht darauf habe ich geträumt, dass ich mich in ein dickes Seil verwandelt habe. So hänge ich herab von der Decke eines der riesigen Buchläden meiner Stadt, wo ich gerne einen Platz finden würde. Da Sprache, meine eigene und die der anderen, im Grunde das Einzige ist, was mich tiefer berührt, habe ich mir nach dem Erwachen das Seil direkt als „S" „E" „I" „L" vorgestellt. Um mir meinen sonderbaren Traum selbst zu erklären, bilde ich aus den vorhandenen Buchstaben immer neue Wörter, ohne mir einen Reim darauf machen zu können. So verbringe ich viele Stunden, bis ich plötzlich beim Denken die Richtung wechsle und endlich die Buchstaben von „SEIL" von rechts nach links betrachte.

Ich schreie vor Freude: „LIES"!

Buch Nummer zwei:
LAUFEN (II)

Buch Nummer zwei, das verschenkt werden sollte, belauschte im Rucksack seiner Schöpferin folgendes Gespräch an einem der Tische, an denen meistens reichlich verzehrt und immer seltener gelesen wird.
– Schön, dass du Ski läufst. Wo läufst du denn Ski? Ich habe vergangenes Jahr mit dem Snowboarden angefangen. Das ist vielleicht ein Gefühl!, sagte der eine.
– Mag sein. Ich bleibe trotzdem lieber bei den Skiern, sagte der andere.

Und als ein dritter in einer kleinen Gesprächspause sagte, er hätte sich endlich einen alten Wunsch erfüllt und lernte nun Arabisch, wurde von den beiden anderen lediglich folgende, dem Buch Nummer zwei sehr interessant erscheinende Frage gestellt:
– Wozu brauchst du das?

Anstatt wegzulaufen, hielt er einen Vortrag über die Wonnen des Denkens, Schreibens und Lesens von rechts nach links, die Bögen und Schwünge mancher Buchstaben – Wie Wedeln, versteht ihr? – Und er dozierte über die ungewöhnlichen Laute, deren Bildung er vor dem Badezimmerspiegel übte. Als er drauf und dran war, einige arabische Wörter zu rezitieren, mussten seine beiden Tischbekannten auf der Stelle dringend bezahlen. Da packte der Lernende sein Arabisch-Lehrbuch aus und vernahm gleichzeitig eine Stimme:
– Wie läuft es sich denn so in einer fremden Sprache?

Obwohl er verständlicherweise an der Richtigkeit seiner eigenen Wahrnehmung zweifelte und diese Frage nicht einem sich in einem Rucksack befindenden Buch, sondern seinem eigenen, durcheinandergeratenen Hirn zuordnete, hielt er zur großen Freude des Buches Nummer zwei folgenden Monolog:

– Das Laufenlernen in einer fremden Sprache ist zwar mit allerlei Stolpern und Stürzen verbunden, mit dem Verlaufen in grammatisch undurchschaubaren Formen und dem Weglaufen von vielen Zeitstunden, in denen man zum Beispiel Skifahren oder Snowboarden könnte, aber plötzlich, an einem ganz bestimmten Punkt, so habe ich es immer wieder erlebt, läuft es quasi wie von selbst. Selbstverständlich laufen, ähnlich wie Bücher, manche Sprachen besser als andere. Englisch läuft immer noch gut und Chinesisch fängt an, immer besser zu laufen, auch wenn die Lernenden nach wenigen Lernschritten schreiend oder besser gesagt singend davonlaufen.

– Dann geht es ja manchen Sprachen ähnlich wie mir!, freute sich das Buch.

– Huch? Wer spricht hier eigentlich zu mir? Werde ich langsam meschugge?

– Meschugge ist aber ein schönes Wort aus dem Hebräischen. Ich glaube, diese Sprache läuft gerade nicht besonders ...

– Ich finde Hebräisch toll! Ich habe es gelernt, bevor ich mich dem Arabischen zuwandte.

– Ob etwas toll ist oder nicht, hat anscheinend wenig damit zu tun, ob es läuft oder nicht.

Der Mann öffnete nun sein Lehrwerk „Salam! Arabisch für Anfänger" und wollte sich mit der Pluralbildung beschäftigen, die viele Ausnahmen birgt und die seine Sehnsucht nach den klaren, männlichen „im" und weiblichen „ot" des Hebräischen schürte. Er hoffte auf jeden Fall, dass die Beschäftigung mit der Grammatik, seiner – abgesehen vom Lesen – größten Leidenschaft, ihn wieder zu Verstand bringen würde.

– Huch! Jetzt wird es aber langweilig im Rucksack. Warum sprichst du nicht mehr mit mir?

– Wer bist du?

– Ein Buch!

– Was willst du von mir?

– Dass du mich aus dem Rucksack rausholst, mitnimmst und liest!

– Ich lese zwar sehr gerne, aber du gehörst mir nicht. Ich darf dich nicht rausholen und mitnehmen. Das wäre Diebstahl.

– Na und! Es gibt noch genügend andere von mir ...

– Diebstahl bleibt Diebstahl!, sagte der Arabisch lernende Mann, dem es Spaß zu machen schien, sich mit einem quasi unsichtbaren Buch auszutauschen. Er war es nämlich nicht gewohnt, auf einen witzigen und gleichzeitig geistreichen Dialogpartner zu treffen.

– Besser du stiehlst mich als du stiehlst aus mir!, ließ das Buch nicht locker.

In diesem Moment näherte sich die Besitzerin des Rucksacks und zog mit ihm von dannen.

WIE DAS „ES" LÄUFT ODER AUCH NICHT

Und immer, wenn mich meine Schöpferin oder eines der Bücher im Karton oder ein Leser oder ein sonstiges Wesen fragt, wie es bei mir gerade oder in letzter Zeit gelaufen sei, frage ich mich sofort, wie es denn bei mir laufen bzw. nicht laufen soll und um welches ES sich dabei handelt. Welches ES läuft bei mir oder bei ihm oder bei ihr? Meistens läuft es nicht, das ES oder es läuft nicht mehr oder noch nicht oder gerade nicht bei ihm oder bei ihr oder auch bei mir.

– Was aber ist das ES?, so frage ich weiter und komme zu folgendem Schluss: Das Es ist all das, was laufen soll, was bei ihm oder bei ihr oder bei mir und was ihm oder ihr oder mir wichtiger ist als anderes, wobei auch viele ES gleichzeitig vorhanden oder/und gleich wichtig sein können.

Buch Nummer drei:
IN EINER BUCHHANDLUNG

Eines Tages begann sich das Buch Nummer drei im Karton dermaßen zu langweilen, dass es keinerlei Rücksicht auf die anderen mehr nehmen wollte. Da es inzwischen an der obersten Stelle lag, drückte es mit seiner Vorderseite gegen den Deckel des Kartons, der sich überraschenderweise dadurch einfach öffnen ließ. Als die anderen eingeschlummert waren, kletterte es hinaus und schlich sich davon. Ohne dass sich irgendwer darüber zu wundern schien, spazierte es in eine kleine Stadtteilbuchhandlung in der Hoffnung, dass ihm dort eine Chance gegeben würde.

– Guten Tag, ich bin noch völlig unbekannt und würde gerne in einem Ihrer Regale liegen, sagte das Buch Nummer drei.

– Das geht nicht so einfach, sprach die Besitzerin des überschaubaren Geschäfts.

– Ich bitte Sie, ich möchte doch so gerne zu einem Leser finden. Das ist doch mein Recht als Buch, oder nicht?

– Du siehst schmal aus und ich muss auf jeden Fall vorher wissen, wovon du handelst. Bleib ein paar Tage, damit ich mich etwas mit dir vertraut machen kann.

Freudig erregt wartete das Buch Nummer drei tagelang darauf, von den schlanken Fingern der Buchhändlerin berührt zu werden und hoffte, dass sie zu seiner ersten Leserin werden könnte. Sie gefiel ihm, aber das gestand es sich nur widerwillig ein. Eine Woche später, nachdem die Besitzerin des Buchladens nichts getan hatte, außer einen kurzen Blick auf seinen Rücken und in sein Inhaltsverzeichnis zu werfen, hielt es das

Buch nicht mehr aus, sich einerseits in einem Buchladen zu befinden und sich andererseits seinen möglichen Lesern wiederum nicht präsentieren zu dürfen. Es rutschte ein wenig nach rechts und nach links, blätterte sich selbst x-mal durch und strich sich immer wieder mechanisch über die Seitenzahlen. Als es seine ungeduldige Anspannung nicht mehr ertragen konnte, fragte es die Buchhändlerin:

– In welches Regal komme ich nun?

– Es ist mir nicht angenehm, aber ..., so begann die Buchhändlerin.

– Muss ich etwa wieder nach Hause in meinen Karton?, sagte das Buch Nummer drei und bemühte sich vergeblich, sachlich zu bleiben.

– Ja, ich weiß nicht, wo ich dich hintun soll. Du gehörst in keine der gängigen Kategorien.

– Dann stellen Sie mich eben zwischen die Kategorien! Muss denn jedes Buch in eine bestimmte Schublade gehören?

– Im Prinzip nicht, aber es geht um den Verkauf und der läuft besser, wenn es in eine Kategorie einzuordnen ist. Wenn du zum Beispiel ein Köln-Krimi wärst, würde ich dir eine Chance geben.

– Es fehlt also ein Toter in mir ...

– So einfach ist es nun auch wieder nicht! Ich weiß wirklich nicht, was ich mit dir in meinem Laden anfangen soll.

– Bin ich etwa so schlecht, dass ich nicht einmal ein paar Wochen bei Ihnen auf meinen ersten Leser warten darf?

– Darum geht es nicht, aber wir haben für Bücher wie dich keinen Platz.

– Ich bin doch ganz klein und dünn!

– Auch das ist ein Problem. Du siehst gar nicht aus wie ein richtiges Buch! Ich wüsste nicht, wer sich für dich interessieren sollte. Außerdem ist eine Buchhandlung ein Wirtschaftsbetrieb.

– Ich koste doch nichts, wenn ich im Regal stehe.

– Aber du nimmst den Platz für die anderen weg, die sich besser verkaufen lassen als du.

– Das wissen Sie doch gar nicht!

– So, jetzt reicht es aber. Ich habe wirklich keine Zeit für eine weitere Diskussion. Geh dahin zurück, woher du hergekommen bist. Das ist ein Laden und keine Auffangstation für dahergelaufene Bücher!

Da sich das Buch Nummer drei nicht dem Spott der Bücher Nummer vier bis fünfundzwanzig aussetzen wollte, schlich es sich in die gegenüberliegende Kirche und träumte davon, sich in eines der abgenutzten Gebetsbücher zu verwandeln, die sich ihrer Leser weitgehend sicher sein konnten. Viele Stunden lang es unbeachtet auf einer Kirchenbank. Wenige überwiegend in sich selbst versunkene Menschen spazierten an ihm vorüber oder setzten sich neben es. Es war allein, sehr allein, aber in diesem Alleinsein glücklicher als jemals zuvor. Auch wenn es in keiner Weise einen religiösen Inhalt hatte, fühlte es sich in der friedlichen Ruhe des Kircheninnenraums sicher und geborgen. Aus der Ferne lauschte es dem Wispern der sich untereinander austauschenden Gebetsbücher, die sich, genauso wie seine Kartongefährten, miteinander zu zanken schienen. So vergingen Stunden und Tage, nur unterbrochen von den Schlägen der Kirchturmuhr, bis es vor der Samstagsmesse von einer Gemeindedame gefunden und auf einen Stapel von gespendeten Büchern gelegt wurde. Da es kein Sachbuch war, stellte es eine der ehrenamtlichen Mitarbeiterinnen der katholischen Bücherei schlichtweg zu den Romanen.

EINFACHER

Es wäre einfacher, wenn ich einfacher wäre und wenn das Lesen nicht eine gewisse Anstrengung, eine gewisse Ruhe, eine gewisse Zeit erforderte, um mich aufzunehmen, Seite für Seite, um mich zu verstehen, Gedanke für Gedanke.

Es wäre einfacher, wenn ich meine Leser an die Hand nähme, sie in mich hineinzöge, anstatt sie aufzufordern, mich beim Lesen selbst zu entdecken oder gar zu erschaffen.

Es wäre einfacher, wenn ich ihnen von anderen empfohlen worden wäre, wenn andere mich erklärt hätten für sie, wenn andere mich für gut befunden hätten.

Es wäre einfacher, wenn sie nichts Einfaches erwarten würden, sondern mich deswegen lesen würden, weil sie es nicht einfach wollen, weil sie es schätzen, dass ich mich ihnen nicht einfach erschließe.

Buch Nummer vier:
VORBEIGELAUFEN

Vor gar nicht langer Zeit lag das Buch Nummer vier auf einer Parkbank und erkannte ihn, seinen möglichen Leser, bereits von Weitem, d.h. es erkannte ihn, ohne ihn zu kennen, als er sich der Bank näherte. Sein Gang und seine Ausstrahlung brachten das Weiß unter seinen Buchstaben zum Glänzen. Zwischen den Leerzeichen seiner Wörter verspürte das Buch Nummer vier das Verlangen, mit diesem Mann umzugehen und mehr über ihn zu erfahren. Es wollte ihn. Es wollte von ihm gewollt werden. Es wollte, dass seine Seiten von ihm bewegt werden. Es wollte seine wachen, von kleinen Brillengläsern geschützten Augen und seine langen Hände. Obwohl es nicht wusste, ob es sich bei ihm, was das Lesen von Büchern anbelangt, eher um einen neugierigen Anfänger oder um einen routinierten Fortgeschrittenen handelte, war es überzeugt davon, dass er sich voller Leichtigkeit und Lebendigkeit, voller Geduld und Gelassenheit mit Zeit und Zuversicht ihm zuwenden würde. Vielleicht würde er mit ihm zusammen einen Urlaub verbringen oder einen freien Tag gestalten, vielleicht würde er es in seine tiefe Manteltasche gleiten lassen und mit ihm durch den Park spazieren, um sich bei einer passenden Gelegenheit in es zu versenken. Das Buch Nummer vier hätte alles akzeptiert bis auf die Tatsache, dass er an der besagten Bank, auf der es lag und auf ihn gehofft hatte, vorüberschritt, ohne es überhaupt anzuschauen.

Viele Stunden ließ das Buch Nummer vier eine schüchterne Frühlingssonne auf seine Vorderseite scheinen und hoffte gleichzeitig auf den nächsten Regenguss, der es auflösen und erlösen würde, von seinem an ihm vorbeigelaufenen Leser. Als es zu dämmern begann, wurde es durch etwas Feuchtes und Warmes aus seinen trüben Gedanken gerissen.

– Hau ab! Du kannst nicht lesen …, schrie es den unangeleinten Hund an, der es beschnupperte.

– Cäsar bei Fuß! Was frisst du denn da?

Der Hund hatte in der Tat das Buch Nummer vier in sein Maul genommen.

– Aus! Cäsar, lass das! Das sieht nach einem Buch aus …

Der Hundebesitzer entpuppte sich als ein älterer Herr, der seine übliche Runde mit Cäsar durch den Park am Fort X drehte. Er sah den Titel des Buches und steckte es lächelnd ein.

UND ES BESTEHT HOFFNUNG

Und es besteht Hoffnung, dass es für mich einen weiteren Leser geben könnte und noch und noch einen ...

Und es besteht Hoffnung, dass ich mit einem Leser reise von Ort zu Ort ...

Und es besteht Hoffnung, dass über mich gesprochen oder gar geschrieben wird ...

Und es besteht Hoffnung, dass Sätze von mir unterstrichen werden ...

Und es besteht Hoffnung, dass ich nicht abgeschrieben werde, sondern dass aus mir abgeschrieben werden wird ...

Und es besteht Hoffnung, dass ich in andere Sprachen umgewandelt und in anderen Ländern leben werde ...

Buch Nummer fünf:
WARTEN

Als das Buch Nummer fünf mit seinem Leser im Wartezimmer eingetroffen und aus der Tasche genommen worden war, sah es andere Menschen, die in Büchern oder Zeitschriften versunken schienen. Das Buch wähnte sich in angenehmer Gesellschaft und stellte fest, dass es dazu da war, Wartezeiten zu überbrücken oder/und dem aktuellen Ort zu entfliehen. Während sein Leser darauf hoffte, möglichst schnell an die Reihe zu kommen, genoss das Buch die lange Weile, in der es seinem Leser die Langeweile vertreiben konnte. Zudem gefiel es ihm, sich an einem Ort aufzuhalten, an dem sich auch andere Leser mit ihren Büchern befanden. Es war fast schöner als im Stamm-Café, in dem Zeitungen auslagen und es immer wieder vorkam, dass eine dieser ihm verhassten ungebundenen Blättersammlungen ihm vorgezogen wurde. Als sein Leser aufgerufen wurde, durfte es auf dem Stuhl liegen blieben, anstatt zurück in das enge Dunkel der Tasche zu müssen, worüber es sich sehr freute. So lag es und lag es und begann sich fast zu langweilen, als die Dame auf dem Stuhl daneben es plötzlich in ihre Hände nahm. Sie begann, darin herumzublättern und legte es zurück. Das Buch hätte nichts mehr gewünscht, als von ihr entführt zu werden, denn es wusste, dass sein Leser fast auf der letzten Seite angekommen war und es sich danach in einem Regal oder Bücherschrank langweilen müsste. Es würde seine weitere Existenz mit Warten verbringen und der Hoffnung, eines Tages verliehen oder weggegeben zu werden.

– Könnten Sie mir dieses Buch mit dem ulkigen Titel empfehlen?, wandte sich die Wartende an den von der Untersu-
chung zurückgekehrten Besitzer von Buch Nummer fünf.

Der Mann war bedient von der ausführlichen Betrachtung
seiner sämtlichen Leberflecken und von der Aussage des Haut-
arztes, dass er sich demnächst zu einem weiteren Termin ein-
finden müsste.
   – Entschuldigung, ich hab nun wirklich den Kopf nicht frei,
um über Bücher zu reden.
   – Ich wollte Ihnen nicht zunahetreten, antwortete die immer noch Wartende leicht eingeschnappt.
   – Wissen Sie was! Nehmen Sie es einfach mit ... ich habe
es sowieso fast durchgelesen und bin froh, dass ich es los bin.
Bücher sind mir nur ein unnötiger Ballast.
   – Wenn Sie meinen ... Ich gebe zu, dass ich eben kurz rein-
gelesen habe und das Thema spannend finde.
   – Schön für Sie und viel Spaß beim Lesen!
   – Würden Sie denn mit mir einen Kaffee trinken gehen,
nachdem ich es gelesen habe? Falls ja, hätte ich gerne Ihre E-
Mail-Adresse, sagte die neue Leserin.
   – Ach so macht man es heutzutage! Man heuchelt in einer
dermatologischen Praxis Interesse für ein Buch, um einen
Vorwand zu haben, sich wiederzusehen, lachte der bisherige
Besitzer des Buches Nummer fünf und schien sich blendend
zu amüsieren.
   – Das habe ich so nicht gemeint, aber es wäre natürlich eine
gute Masche. Danke für den Tipp! Ich werde ihn in Zukunft in
die Tat umsetzen. Und ihre Visitenkarte brauchen Sie mir nun
nicht mehr zu geben.

So zog die Dame mit dem Buch Nummer fünf von dannen und
lächelte vor sich hin.

WOFÜR ICH HIER BIN

Manchmal, wenn sich niemand mit mir spürbar zu beschäftigen scheint und ich mich sinn- und nutzlos fühle, bete ich mir vor, wofür ich hier bin:

Ich bin hier, um angefasst und erfasst zu werden.

Ich bin hier, um gegriffen und begriffen zu werden.

Ich bin hier, um genommen und aufgenommen zu werden.

Ich bin hier, um geöffnet zu werden und zu eröffnen.

Ich bin hier, um berührt zu werden und zu berühren.

Ich bin hier, um begleitet zu werden und zu begleiten.

Ich bin hier, um durchdrungen zu werden und zu durchdringen.

Buch Nummer sechs:
EIN LESER, DER ZUM „BICH" WIRD

Es gibt ihn, den Leser, dessen Ich mit mir verschmelzen wird, dachte sich Buch Nummer sechs, als die Bibliothek geöffnet wurde. Es wartete auf den Moment, an dem es herausgenommen würde von seinem regelmäßigen Leser, der es montags, mittwochs und manchmal sogar freitags besuchte. Bei diesem Leser handelte es sich um einen Studenten der Germanistik, der seine Masterarbeit über „Selbstreferentielle Phänomene im deutschen Gegenwartsroman" schrieb und in den Sätzen des Buches Nummer sechs nach Belegen für seine Hypothesen suchte.

Jedes Mal, bevor er den von oben bis unten, bzw. von unten bis oben mit Büchern vollgestopften Lesesaal betrat, entledigte er sich nicht nur seines Mantels und Schals, sondern auch teilweise seines Ichs. Danach schritt er direkt zum Regal, wo das Buch Nummer sechs mit einer hohen Wahrscheinlichkeit auf ihn wartete. Als er es sah, packte er es am oberen Rücken, nahm es heraus und strich über seine Vorderseite.

– Guten Morgen „Bich", sagte das Buch Nummer sechs, denn es hatte dem Leser, dessen Ich im Laufen des Tages immer mehr mit ihm zu verschmelzen schien, den Namen „Bich" gegeben.

– Ich bin gut ausgeschlafen und du?, fuhr das Buch Nummer sechs fort.

– Das kann ich von mir leider nicht behaupten. Ich habe die letzte Nacht durchgefeiert.

– Schön, dass du trotzdem gekommen bist.

Als der Leser bzw. als „Bich" im Buch zu blättern begann, um nach einer ganz bestimmten Stelle zu suchen, gähnte es aus Mitgefühl mit dem übermüdeten Studenten und streckte ihm seine abgegriffenen Seiten bereitwillig entgegen. Es war einerseits wirklich froh, im Gegensatz zu den Hunderten von anderen Büchern im Saal mit einer hohen Wahrscheinlichkeit zwei bis dreimal pro Woche mit einem Leser gemeinsame Stunden verleben zu dürfen, andererseits ertappte es sich gelegentlich dabei, dass es sich nach Abwechslung sehnte. Es wusste, wie ungerecht dieser Wunsch war, sowohl gegenüber „Bich" als auch gegenüber den anderen Büchern, die weitgehend unbeachtet vor sich hin sinnierten. Ein über einer Abschlussarbeit sitzender und weitgehend mittelloser Student war fast das Beste, was einem Buch an einem derartigen Ort passieren konnte. Zudem war „Bich" sogar einer, dessen Finger ausreichend gewaschen waren und der nicht einmal einen in die Präsenzbibliothek geschmuggelten Coffee to go über seine Seiten kippte. Das Buch Nummer sechs war sich seiner ungerechten Unzufriedenheit durchaus bewusst, dennoch träumte es immer wieder von einer bestimmten Leserin, die vor vielen Wochen ein einziges Mal den Lesesaal betreten und es kurz in ihre mehrfach beringten Hände genommen hatte. Ihrer eingecremten Haut war ein betörender Duft entwichen. Selbst über etwaige Fettflecke hätte sich das Buch hinweggesetzt, wenn es von dieser Dame in deren Blickobhut genommen worden wäre.

WER VERÄNDERT WEN?

Die Gedanken,
    die in mir zu Sprache geworden sind,
    die Gedanken derjenigen, die mich erschaffen hat,
    die Gedanken, die sie in mich hineingeschrieben hat,
    verändern die Gedanken desjenigen, der mich aufnimmt,
    wobei die Gedanken desjenigen,
    die durch mich verändert worden sind,
    und die unverändert gebliebenen Gedanken,
    die in mich hineingeschrieben worden sind,
    etwas Neues erschaffen,
    das ich nicht mehr bin,
    das aber durch mich ausgelöst worden ist.

Alle, die mich lesen, verändern mich und gleichzeitig sich selbst
    und gemeinsam werden wir zu etwas Neuem,
    worüber sich etwas Neues schreiben ließe.

Buch Nummer sieben:

EIN NEU GEFUNDENER FREUND

Nachdem das Buch Nummer sieben von einem fünfzehnjährigen Leser gefunden worden war, der normalerweise Fantasy-Literatur verschlingt und Schriftsteller werden will, verlor es die Angst, sowohl vor der Endgültigkeit des Todes als auch vor seiner möglichen Wiedergeburt und sagte sich Folgendes:
– Manche Literaturkritiker, Verleger und Buchhändler sollten im nächsten Leben als ungelesene Bücher wiedergeboren werden.

Das Buch Nummer sieben suchte jedoch weiterhin nach dem Sinn seiner Existenz, denn der Fünfzehnjährige hatte es in wenigen Stunden ausgelesen. Zurück im Regal, umgeben von Büchern eines Genres, mit denen es kaum Berührungspunkte hatte, grübelte es tagelang in gedrückter Stimmung vor sich hin. Dabei überlegte es sich unter anderem, ob es sich einer zu ihm passenden Religion oder einer anderen Form von Trost spendender Gedankenwelt zuwenden sollte und falls ja, welcher und in welcher Form. Erstaunlicherweise erwiesen sich die benachbarten Fantasy-Romane bei diesem Thema als kundige Gesprächspartner und erklärten ihm geduldig, welche Religionen ihm helfen könnten, sich seiner Existenz in positiver Weise zu versichern. An erster Stelle stand für das Buch Nummer sieben nach wochenlangen Diskussionen mit der fantastischen Nachbarschaft der Sikhismus. Es mochte das Sanskritwort „Granth" für Buch und die große Wichtigkeit, die dem „Adi Granth", dem heiligen Ur-Buch, von den Sikhs beigemessen wurde. Auch das Judentum hätte ihm gefallen, weil die hebräischen Buchstaben auch Zahlen sein können und für das Verständnis von Gottes Wort so einmalig wichtig sind. Da es aber keine jüdische Mutter vorweisen kann, hätte es mit dem ortsansässigen Rabbiner Kontakt aufnehmen müssen, um seinen Übertrittswunsch kundzutun. Danach wäre es noch ein weiter bis unmöglicher Weg gewesen, bis es zu einem jüdischen Buch geworden wäre. Schließlich entschied es für den Islam, weil sich in dem Jugendzimmer aus völlig unerklärlichen Gründen der Koran befand und sich das Buch Nummer sieben auf der Stelle in die arabischen Buchstaben vernarrt hatte. Da das Buch den Originaltext seines neuen Freundes verstehen wollte, nahm es sich vor, das Arabischlernen zu seinem neuen Lebenssinn zu machen und stellte sich vor, es würde – wie in der arabischen Schrift üblich – ebenfalls von rechts nach links gelesen oder gar eines Tages in diese wundersame Sprache übersetzt. In seinen Tagträumen spazierte das Buch Nummer sieben Seite an Seite mit dem Koran durch die Straßen seines Wohnviertels oder lag neben ihm in ungestörter Harmonie auf einem Nachttisch. Als es in seinem Regal beim weichen Wispern seiner fantasiereichen Regalnachbarn kurz eingedöst war, sprach es im Traum wie folgt zum Koran:

– Deine Verse explodieren in mir, und ich weiß, dass du mich rufst. Deine Verse lodern stundenlang in mir, wärmen und verbrennen mich gleichermaßen und schwören herauf meine Liebe zu dir, die nach Vereinigung verlangt und mich immer wieder neu entflammt. Deine Verse suchen mich heim in erwarteten und überraschenden Momenten und beseelen mich jenseits aller Vernunft, jenseits aller Grenzen der Erkenntnis, jenseits aller Bedenken und Zweifel.

Als das Buch Nummer sieben aus seinem Nickerchen erwacht war, wunderte es sich selbst über die Heftigkeit seiner Rede und erschrak, als es feststellte, dass sein neuer Freund verschwunden war.

EIN EHRWÜRDIGES ENDE

Falls einige oder gar alle Seiten von mir
    abgewetzt, zerfleddert oder zerrissen sein sollten,
    könnte ich den Flammen übergeben
    oder der Erde überlassen werden
    ein weißes Tuch um mich herum geschlungen
    oder dauerhaft versenkt werden
    mit der Hilfe eines schweren Steines,
    der sich auf mich legt
    am Grund eines Flusses.
    Müsste ich mich heute entscheiden,
    wählte ich, in prächtigen Flammen aufzugehen,
    damit nichts von meinem Einband übrig bleibt
    und keiner meiner Buchstaben mehr zu entziffern ist.

Meine abgekühlte Asche vergrabe man dann an einem reinen
Ort.

Buch Nummer acht:

UNTERWEGS

Nachdem das Buch Nummer acht glücklich bei einem langsamen Leser eingezogen war, dachte es jeden Morgen nach dem Erwachen darüber nach, an welche Orte es gelangen könnte. Auch sorgte es sich, dass es womöglich unbeachtet auf dem Nachttisch liegen bleiben würde, denn auch solche Tage hatte es schon gegeben.

– Wohin gehen wir heute?, pflegte es seinen Leser direkt nach dem Läuten des Weckers zu nerven.

Ohne eine Antwort zu geben, verließ dieser das Bett, um sich anzukleiden und das Frühstück zuzubereiten. Er nahm das Buch Nummer acht und legte es neben den Teller. Sofort bekam es Angst, dass durch die Finger seines Lesers Nutella auf seine unbefleckten Seiten gelangen könnte.

– Sei bitte vorsichtig, mach mich nicht schmutzig!, bat es den Leser.

– Stell dich nicht so an! Wenn du mit mir zusammen sein möchtest, wirst du einige kleine Flecken in Kauf nehmen müssen. Oder möchtest du lieber zurück ins Regal? Ich kann mich auch der Zeitung zuwenden. Sie ist weniger zimperlich!

Darüber erschrak das Buch, denn es wusste durchaus, dass die täglich neu in der Wohnung liegende Zeitung sehr viel Aufmerksamkeit in Anspruch nahm. Häufig wurde sie mitgenommen auf die Bahnfahrt zum Arbeitsplatz, während es selbst zu Hause bleiben und auf den Abend warten musste. Mit viel Glück befand sich die Zeitung dann nicht mehr im Besitz des Lesers, und er wandte sich vor dem Einschlafen noch ein wenig dem Buch zu.

– Nimmst du mich heute mit?

– Ja, aber nur, wenn ich mich ungestört auf deinen Inhalt konzentrieren darf.

– Fahren wir wie gewohnt mit der Bahn?

– Nein, heute brauche ich meinen Wagen.

– Warum denn auf einmal?

– Bitte schließ nun deinen Deckel und lass mich in Ruhe! Sonst bleibst du zu Hause und ich kaufe mir unterwegs eine Zeitung.

– Das wird schwierig sein, mein werter Leser und Besitzer, wenn du im Auto sitzt.

Darüber grinste er und stopfte es in eine voluminöse Tasche zwischen seinen Bademantel und zwei Handtüchern.

In der ungewohnten, kuscheligen Dunkelheit verbrachte das Buch einen wonnigen Tag im Kofferraum des Autos und freute sich auf den Ruheraum der Wellnessanlage, wo es bereits in der vorigen Woche angelesen worden war. Da sich sein Leser schlecht auf die Sätze konzentrieren konnte, fing er jedes Kapitel mindestens dreimal von vorne an, was die Zeit des Miteinanders für das Buch Nummer acht äußerst lustvoll verlängerte. Es gab sich bisweilen sogar der Hoffnung hin, dass es mehrere Male durchgelesen und nicht sofort völlig vergessen werden würde. Umso größer war seine Enttäuschung, als sein Leser es zwar aus der Tasche befreite, aber sich eine der herrenlos herumliegenden Zeitungen holte. Das Rascheln ihrer überdimensioniert großen und peinlich dünnen Blätter brachte das Buch dermaßen in Rage, dass es nicht mehr länger schweigen konnte:

– Was in dir so Wichtiges stehen sollte, kann ich mir wirklich nicht vorstellen.

– Ich erscheine täglich und informiere, antwortete die Zeitung betont sachlich.

– Aber du bist nicht so tiefgründig wie ich.

– Das will ich auch gar nicht sein. Mit mir ist man up to date. Ich bin ein gedruckter Liveticker.

Das letzte Wort hatte das Buch Nummer acht noch nie gehört. Es wollte sich aber gegenüber der Tageszeitung keine Blöße geben und sagte:

– Ja, wenn man dich liest, weiß man, was passiert sein soll und was man nicht zu wissen braucht, weil es auf eine oberflächliche Weise in dich hineingeschrieben worden ist.

– Es können nicht alle so sein wie du. Akzeptiere das endlich und sei bitte still!

Der Leser, der inzwischen dreifach frustriert worden war und zwar von der Wetterprognose, von den Bundesligaergebnissen und von den Börsendaten, bekam das Gewisper zwischen den beiden nicht mit und entschied sich für einen Saunagang mit dem besonders heißen sogenannten „Fire-and-Ice"-Aufguss. Als er mit pochendem Herzen quasi wie neugeboren zu seinem Liegeplatz zurückgekehrt war, hätte er sich gerne mit Schöngeistigem beschäftigt, wenn er nicht auf der Stelle eingenickt wäre.

FAST EINE KLEINE EWIGKEIT

Ich bin da,
    damit ich länger dableibe
    als einen Tag
    als eine Woche
    als einen Monat.

Ich bin da,
    damit meine Buchstaben dem großen digitalen Buchstaben-
    sterben trotzen.

Ich bin da,
    solange es irgendeinen Leser geben wird,
    der sich an irgendeinen meiner Sätze,
    irgendwie erinnern kann.

Ich bin da,
    da ich nicht austauschbar bin,
    da es mich unter all den Milliarden von Büchern,
    die jemals das Licht der Welt erblickten,
    nur ein einziges Mal gibt.

Buch Nummer neun:
GLEICH UND UNGLEICH GLEICHERMASSEN

Als das Buch Nummer neun erwacht war, fühlte es sich fremd geworden in sich selbst. Es betrachtete sich im gegenüberliegenden Spiegel und sah, abgesehen von den Buchstaben auf seiner Vorderseite, aus wie immer. Dennoch blieb die Empfindung bestehen, dass sich etwas grundsätzlich bei ihm oder in ihm verändert hatte. Es spürte in sich hinein um festzustellen, ob die Buchstaben und sonstige Zeichen in ihm in Unordnung gebracht worden waren. Alles schien zu stimmen, zumindest auf den ersten Eindruck: Die Seitenzahlen waren am richtigen Ort, die Sätze schlossen mit Punkten ab, zusammengehörende Gedanken wurden durch Kommata voneinander getrennt beziehungsweise miteinander verbunden, auch wenn die Kommata teilweise an ungewöhnlichen Orten standen. Sehr seltsam erschien dem Buch Nummer neun jedoch die Tatsache, dass sich vor allen Fragesätzen auf den Kopf gestellte Fragezeichen befanden und auch vor allen Ausrufesätzen auf den Kopf gestellte Ausrufezeichen, was es zu folgendem Aufruf hinreißen ließ:
– Hilfe! Ich werde verrückt!!!

Als es den Schock mit den veränderten Satzzeichen verarbeitet hatte, suchte es auch bei den Buchstaben nach weiteren Beweisen für seine Furcht, den Verstand verloren zu haben. Abgesehen von einer Unzahl von kleinen Strichen von links unten nach rechts oben, die sich über manchen Vokalen befanden, entdeckte es über einigen „n" eine kleine Schlangenlinie, auf die es sich zwar ebensowenig einen Reim machen konnte, die es aber in höchstem Maße anziehend fand. Es wollte unbedingt herausfinden, was es mit diesem Zeichen auf sich hatte.

– Was ist bloß mit mir geschehen?, murmelte leise das Buch Nummer neun.

– Du gehörst nicht mehr neben uns, ertönten die Stimmen der Bücher in seiner unmittelbaren Regalnachbarschaft.

– Warum denn nicht? Was habe ich denn so Schlimmes getan, dass ich plötzlich von euch verstoßen werde?

– Du hast gar nichts getan, aber man hat dir etwas angetan.

– Was stimmt denn nicht mehr mit mir?

– Du gehörst ab jetzt neben die fremdsprachigen Bücher, auch wenn du noch in deiner Muttersprache mit uns reden kannst.

– Und zu welcher Sprache bin ich geworden?

– Wie sollen wir das wissen! Das musst du schon selbst herausfinden.

So versuchte das Buch Nummer neun, das nicht mehr aus dem Staunen herauskam, seine einzelnen Wörter miteinander zu verknüpfen und fand keinerlei Sinn in sich selbst. Nur die Wörterbücher und eine Grammatik hätten ihm behilflich sein können, sich allmählich im neuen Sprachgewand heimischer zu fühlen, aber diese standen außerhalb seiner Reichweite. Es vermisste zudem den Austausch mit den anderen, die es zwar noch verstanden, es aber nicht mehr als ausreichend ähnlich akzeptierten. Warum ihm all das geschehen konnte, fragte es sich zigtausend Mal. Womöglich hatte es damit zu tun, dass es unbedingt aus dem Regal fliehen wollte und irgendwo einmal aufgeschnappt hatte, dass es wichtig sei, sich zu verwandeln, wenn man dem Status Quo entkommen wolle. Ob es durch diese eigenartige Transformation zu neuen Lesern finden würde, wusste das Buch Nummer neun noch nicht, es wusste nur, dass es kein Zurück gab und dass es sich selbst neu kennenlernen musste.

ÜBER-SETZT

Ich bin ich selbst
und nicht mehr ich selbst.
Es gibt mich zweifach,
obwohl ich keinen grundsätzlich neuen Gedanken enthalte.
Ich verstehe mich selbst nicht mehr,
Obwohl ich mich kaum verändert habe.
Mein Inhalt ist mein Inhalt
und dennoch nicht mehr ganz mein Inhalt.
Ob ich mir in der ersten oder in der zweiten Weise
besser gefalle,
weiß ich nicht.
Man hat mich übersetzt,
um zu neuen Lesern über-setzen zu können.
Was bin ich, wenn nicht ein Buch,
das sich zu Hause fühlt in der Fremde
und fremd ist in seinem Zuhause,
das ihm noch fremder geworden ist
und gleichzeitig
schon immer fremd war,
auch in der alten Sprache,
in der es vermeintlich
von vielen verstanden wurde.

Buch Nummer zehn (mit Buch Nummer neun): NAHEZU PARADIESISCH

Über viele Wochen hinweg wurden Buch Nummer zehn und Buch Nummer neun BEIDE gleichermaßen geliebt. Ohne sie wäre ein Leben für ihre Leserin nahezu unvorstellbar gewesen. Jeden Nachmittag, wenn sie sich nach ihrer geistig langweiligen und emotional bisweilen anstrengenden Arbeit auf der Couch ausstreckte, nahm sie zuerst Buch Nummer zehn in die Hand, um eine Seite von ihm leise und schnell in der ihr vertrauten Sprache durchzulesen. Danach griff sie zu Nummer neun und las sich die gleiche Seite laut und langsam in der ihr weniger vertrauten Sprache vor. Zunehmend genoss sie es dabei, in den Klang der Worte und in den Rhythmus der Sätze einzutauchen. Wenn sie manche Wörter oder gar ganze Sinneinheiten beim Buch Nummer neun nicht verstand, suchte sie im Buch Nummer zehn nach den betreffenden Stellen oder holte sich bei einem Wörterbuch Rat.

– Wen magst du eigentlich lieber? Mich, das Original oder das Übersetzte?

Mit dieser Frage hatte die eifrig Spanisch lernende Leserin nicht gerechnet.

– Ich liebe euch beide gleichermaßen in euren Unterschieden und euren Ähnlichkeiten.

– Gib doch zu, dass du mich langweiliger als das Übersetzte findest!, fuhr das Buch Nummer zehn fort.

Die Leserin musste sich eingestehen, dass sie das Buch in der fremden Sprache tatsächlich wohlklingender und auch reizvoller fand als das deutsche Original, wollte dieses aber auf keinen Fall in irgendeiner Form missachten oder gar kränken.

– Ich spüre, dass du mich überhaupt nicht beachten würdest, wenn ich dir nicht dabei nützlich wäre, das Buch Nummer neun in dessen anderer Sprache zu verstehen.

– Ja und wenn es so wäre, mein wertes Buch, was wäre daran denn so schlimm?

– Es verletzt meinen Stolz. Ich möchte geliebt werden um meiner Selbst willen.

– Das verstehe ich nicht! Sei doch stolz darauf, dass du mir hilfst, deinen übersetzten, engsten Verwandten zu begreifen. Zudem ist es doch super, dass ich euch beide hier liegen habe und mich mit euch am Feierabend so ausgiebig beschäftige.

– Aber es sollte bei deinem Lesen um mich gehen, ausschließlich um meinen Inhalt.

– Das kann ich dir leider nicht bieten. Wäre es dir denn lieber, wenn ich dich überhaupt nicht mehr anrühren würde?

– Vielleicht ja. Besser ungelesen als nur dein Helfer zum Verstehen der Übersetzung. Verbessere lieber dein Spanisch, dann kannst du mich wenigstens ganz in Ruhe lassen!, sagte das Buch Nummer zehn und wusste sofort, nachdem es seine eigenen Worte vernommen hatte, dass es in diesem Moment gelogen hatte.

STOLZER ALS STOLZ

Stolzer als stolz wäre ich,
    wenn er oder sie mich läse,
    weil er oder sie mich lesen will
    und nicht,
    weil er oder sie mich lesen muss.

Stolzer als stolz wäre ich,
    wenn er oder sie mich läse,
    weil er oder sie sich eine intensive Zweisamkeit mit mir
    wünscht
    und nicht,
    weil er oder sie vor der intensiven Zweisamkeit mit jemand
    anderem fliehen will.

Stolzer als stolz wäre ich,
    wenn er oder sie mich läse, weil er oder sie mich verstehen
    will
    und nicht,
    weil er oder sie etwas anderes oder jemand anderen durch
    mich besser verstehen kann.

Stolzer als stolz wäre ich,
    wenn er oder sie mich läse,
    weil er oder sie sich durch mich bereichert fühlt
    und nicht,
    weil er oder sie, bereichert durch meine Ideen, besser
    angeben kann.

Buch Nummer elf:
WER HAT ANGST VOR KLEINEN MÄDCHEN?

Im Prinzip war alles gut gegangen. Die Lesung in einem zentralgelegenen und niveauvollen Kultursalon mit vielen bildungsbeflissenen Besuchern der Generation 60 plus war terminlich unter Dach und Fach gebracht und die Leiterin des besagten Veranstalters hatte Buch Nummer elf erworben. Schließlich wollte sie einen kleinen Eindruck davon bekommen, was den Besuchern ihrer Kulturbühne zugemutet werden würde. Das Buch Nummer elf glaubte sich in guten Händen zu befinden, denn auf das kunstbeflissene Bildungsbürgertum war im Grunde Verlass. Als es mit der Leiterin in deren erstaunlich geräumiger Wohnung angekommen war, wunderte es sich über die überall herumliegenden Spielsachen. Nichts Böses ahnend freute es sich sogar über die Anwesenheit von Kindern, denen womöglich vor dem Einschlafen vorgelesen werden würde.

– Ach, im Grunde habe ich im Moment zu viel um die Ohren, um mich dir ausgiebig widmen zu können, entschuldigte sich die Leiterin beim Buch Nummer elf und legte es auf einen Tisch.

– Mein erstes Kapitel wirst du dir doch zu Gemüte führen wollen, oder nicht?

Im diesem Moment öffnete sich die Wohnungstür und ein kleines Mädchen stürzte herein, nachdem sie ihrem Papa im Treppenhaus kurz Tschüs gesagt hatte.

Nachdem die Fünfjährige ihrer Mama aufgeregt vom tollen Papa-Wochenende berichtet hatte, entdeckte sie das Buch, das immer noch auf dem Wohnzimmertisch lag.

– Darf ich das haben?

– Katharina, was willst du damit denn anfangen? Du kommst doch erst nächstes Jahr in die Schule und kannst noch nicht lesen.

– Aber ich kann schon einige Buchstaben, ein „A", ein „K", ein „I". Bitte Mama, darf ich mit dem Buch spielen?

– Sei aber vorsichtig. Ich möchte nämlich noch kurz reinschauen, damit ich wenigstens weiß, worum es geht.

Katharina barg ihren neu entdeckten Schatz hinter verschlossener Tür im Kinderzimmer. Ihre Mutter war froh darüber, dass sich ihre Tochter bereits in einem so frühen Alter für Bücher zu begeistern schien und war glücklich über die seltsame Ruhe, die plötzlich herrschte, denn gerade nach Papa-Wochenenden war ihre Tochter meistens unausstehlich überdreht. So sehr sie ihren Papa liebte, so sehr hasste sie Virginia, die zwei Jahre ältere Tochter der neuen Lebensgefährtin des Vaters. Virginia war zu stolz, um mit ihr zu spielen und hatte zu ihrer Tochter folgenden, fatalen Satz gesagt:

– Mit einer, die noch nicht einmal lesen kann, ist es todlangweilig.

So versuchte Katharina, sich heimlich die Buchstaben beizubringen, denn das Erkennen der Buchstaben war der erste Schritt, um das Geheimnis des Lesens zu lüften. So viel meinte sie bereits verstanden zu haben. Als sie das Buch Nummer elf aufgeschlagen hatte, entdeckte sie zwar im groß gedruckten Titel zwei dünne Striche, die ihr vertraut vorkamen und die „i" genannt werden, aber weder ein „K" noch ein „A". Aus lauter Hass, nicht auf das unschuldige Büchlein, sondern auf Virginia, begann sie auf dem Umschlag herumzukritzeln, da ihr das Nachmalen des rechtwinkeligen großen „L" oder des schlangenlinienförmigen „S" nicht ausreichend gelang. Bald wurde sie der Kritzeleien überdrüssig und begann, Virginia zu verstehen. Wenn eine Welt ohne zu lesen eine langweiligere Welt war, dann war ein kleines Mädchen, das noch nicht lesen konnte, eine allzu langweilige Spielgefährtin. Statt sich weiterhin selbst zu quälen, schlug sie das Buch auf und begann die Seiten herauszureißen und die Ecken abzuknicken. Danach versuchte sie die einzelnen Fetzen mit den verletzten, aber noch lebenden Buchstaben erneut zusammenzufügen und freute sich über all die Stellen, die auf diese Weise wieder zusammenfanden.

WAS VON MIR ÜBRIG BLEIBT

Mein Umschlag
voll gekritzelt
mit unsinnigen Zeichen

Meine Mitte
aufgerissen
von kleinen Händen

Mein Inhaltsverzeichnis
durchweicht
von weinenden Kapitelüberschriften

Meine Wörter
zerhackt
in einzelne Buchstaben

Meine Seitenzahlen
abgeknickt
zu Eselsohren

Meine Sätze
erschlagen
Wort für Wort

Mein Rücken
zerkratzt
bis zur Unkenntlichkeit
Aber meine Vorderseite ist heil geblieben ...

Buch Nummer zwölf (im Gespräch mit dreizehn, vierzehn, fünfzehn und sechzehn):
IN DER WOHLIGKEIT DES DUNKELS

Auch wenn das schwere Schicksal, das Buch Nummer elf im Kinderzimmer von Katharina erlitten hatte, nicht zu den im Karton Wohnenden gedrungen war, gab es bei den dort statt-findenden Diskussionen über das Ob und Wie und Wann des Auszugs durchaus eine Stimme, die den Aufbruchswilligen abraten wollte:

– Ich weiß wahrlich nicht, warum ihr unbedingt zu diesen sogenannten Lesern hinauswollt, provozierte das Buch Num-mer zwölf die anderen.

– Was habt ihr eigentlich davon? Uns geht es doch gut. Wir werden nicht misshandelt und so gut, wie wir uns untereinan-der verstehen, wird uns niemals ein anderer verstehen.

– Darum geht es doch nicht, sagte Buch Nummer dreizehn, das nach Nummer zwölf hinausgehen sollte, denn sie hatten sich, um etwaige Drängeleien zu vermeiden, darauf geeinigt, die Reihenfolge beizubehalten.

– Worum geht es denn? Um die Selbstbestätigung durch ei-nen Leser? Es reicht doch aus, dass du hier bist, fuhr Nummer zwölf fort.

– Nein, eben nicht, meinte Buch Nummer vierzehn, das hoffte, gemeinsam mit Nummer dreizehn abzuhauen, denn allein traute es sich nicht.

– Wir sind geboren worden, damit die in uns hineinge-schriebenen Gedanken Verbreitung finden, fuhr es fort.

– Woher willst du denn wissen, dass es keine schlechten Gedanken sind, die wir in uns tragen? Es könnte womöglich besser sein, wenn niemand damit in Berührung käme, sagte Buch Nummer zwölf.

– Jetzt schließ aber deinen Deckel! Derartiges sollten wir uns nicht anhören, oder?, ärgerte sich das Buch Nummer fünfzehn.

– Lass Nummer zwölf doch weiterreden! Wir sollten uns wirklich fragen, ob wir so wertvoll und wichtig sind, wie wir es selbst annehmen. Es wird vielleicht berechtigte Gründe geben, dass sich niemand für uns zu interessieren scheint, meinte Buch Nummer sechzehn.

– Nur, weil wir noch unbekannt sind und niemand über uns etwas schreiben möchte, heißt das nicht, dass unser Inhalt nichts wert ist, sagte Buch Nummer vierzehn, allerdings so leise, als ob es selbst nicht von seiner Meinung überzeugt wäre.

– Wie auch immer! Es gibt so viele andere, bessere, spannendere, unterhaltsamere und interessantere Bücher und wir sollten uns nicht so wichtig nehmen. Also ich finde das Leben in diesem Karton wirklich in Ordnung, sprach Buch Nummer zwölf.

– Okay, dann bleib doch dort, wo du bist und ich darf als Nächstes raus, freute sich Nummer dreizehn.

– So war das auch wieder nicht gemeint! Natürlich hätte ich gerne einen ersten oder zweiten oder gar dritten Leser, aber diese ganze Warterei würde meine Seiten vor Traurigkeit vergilben lassen.

– So ein Quatsch!, ereiferte sich Nummer fünfzehn.

– Du wirst höchstens vor Neid gelb, wenn du an deine Vorgänger denkst, die womöglich in diesem Moment gelesen werden oder schon gelesen wurden.

– Vielleicht hast du sogar recht. Aber für mich ist es trotzdem besser, mit der ganzen Warterei und Hofferei aufzuhören und es mir gemütlich im Hier und Jetzt zu machen, sagte Buch Nummer zwölf.

OHNE WARTEN

Ohne Warten
    lächelt mich an die Gegenwart,
    die ich vertrieben hatte
    für die Zukunft.

Ohne Warten
    liegen meine Seiten
    in gelassener Ruhe
    und meine Seitenzahlen atmen regelmäßig
    Ungerade ein,
    gerade aus.

Ohne Warten
    erfinde ich mir selbst
    täglich einen neuen Anfang und ein neues Ende.

Ohne Warten
    erschrecke ich fast vor dem grellen Licht,
    das zu mir sagt:

„Nun ist es so weit. Bist du bereit?"

Buch Nummer zwölf:

EIN NEUES DAHEIM IN EINEM HEIM

Völlig unerwartet wurde es herausgenommen, ohne gefragt zu werden, ob es lieber bleiben oder gehen wollte und wurde ohne begleitende Zeilen in einen knappen DIN A5 Umschlag gesteckt, der noch nicht einmal zugeklebt war.

– Und wo soll die Reise hingehen?, fragte es nervös, denn es hatte nicht mehr damit gerechnet, eines Tages aus dem wohligen Dunkel herausgerissen zu werden.

– In ein Heim, antwortete ihm die Schöpferin.

– Du meinst in ein neues Daheim?

– Jein! Man schickt dich zu einer ehemals leidenschaftlichen Leserin, die in einem Heim lebt und das wird auch dein neues Daheim sein.

– Und warum liest sie nicht mehr?

– Das ist eine sehr traurige Geschichte, die du sowieso nicht verstehen würdest.

– Ich bin zwar noch jung, aber nicht blöd! Bitte erzähl mir, was ihr passiert ist, bettelte das Buch Nummer zwölf.

– Diese Frau ist eines Tages plötzlich aus dem Leben gerissen worden und hat dennoch überlebt.

– Das verstehe ich nun wirklich nicht.

Nachdem das Buch ziemlich durchgeschüttelt, aber in BUCHstäblich bester Verfassung im Stift angekommen war, wunderte es sich darüber, dass die Buchstaben „S" „t" „i" „f" „t" in der gleichen Reihenfolge noch etwas völlig anderes als einen Schreibgegenstand zu bezeichnen schienen, etwas, wo man meist nicht mehr wegkam, wenn man dort einmal gelandet war, zumindest nicht mehr ohne Hilfe von anderen.

Eine sogenannte Pflegerin nestelte das Buch Nummer zwölf aus dem viel zu engen Umschlag und gemeinsam betraten sie das Zimmer der einstigen Leserin, der das Schlimmste zugestoßen war, das jemandem, zumindest aus der Sicht eines Buches, zustoßen konnte:

Sie hatte die Fähigkeit zu lesen eingebüßt und zudem weitgehend das Vermögen, sinnvoll zusammenhängende Wörter lautlich zu produzieren. Wegen des fast vollständigen Verlusts ihrer Sprechfähigkeit machte sie sich außer mit „Ja, ja" nur durch Kopfnicken, Kopfschütteln und durch Gesten verständlich.

Diese an einen Rollstuhl gefesselte, auf fatale Weise in der Mitte ihres einstigen bibliophilen Lebens nahezu verstummte Frau berührte das Buch Nummer zwölf mit erstaunlicher Zartheit. Danach nahm sie es in ihre rechte Hand und legte sich das Buch auf die Oberschenkel. Auch wenn es niemals von ihr selbst gelesen werden konnte, fühlte sich das Buch auf der Stelle wohl. Im Vergleich zu seiner im Karton verwarteten bis verschwendeten Zeit war es glücklich, an diesem warmen und weichen Ort angekommen zu sein.

– Komm her, ich werde der Bewohnerin Agnes, deiner neuen Besitzerin, dein erstes Kapitel vorlesen, sagte die Pflegerin, die eigentlich eine bezahlte, zusätzliche Betreuerin speziell für diese Bewohnerin war, zum Buch.

– Und das, obwohl Agnes die Sprache abhanden gekommen ist?

– Sie wird deine Sätze mit meiner Stimme aufnehmen, um sich am Klang von beidem erfreuen.

– Aber wird sie mich denn überhaupt verstehen?

– Das ist in diesem Zusammenhang die denkbar schlechteste Frage, die du mir stellen konntest.

– Warum? Ich bin doch hier, weil ich meinen Lesern etwas mitteilen möchte.

– Natürlich! Aber das tust du doch, auch wenn du nicht Wort für Wort verstanden wirst. Du teilst der Bewohnerin mit, dass es sie gibt und dass es dich gibt und dass es uns gibt.

– Uns? Welches ‚Uns'?

– Das ‚Uns‘ aus deinen Worten und meiner Stimme, das zu ihr hindurchdringen wird.

Daraufhin wollte die Pflegerin das Buch, das von der Bewohnerin festgehalten wurde, in die Hände nehmen, um das Vorlesen zu starten. Die Bewohnerin wehrte sich jedoch mit allen ihr zur Verfügung stehenden Mitteln dagegen, das Buch wieder herzugeben. Es schien sie an ihr altes Leben und an ihre tiefe Liebe zu Büchern zu erinnern. Sie verteidigte es gegen die möglichen Entwendungsversuche der anderen Bewohner und dennoch war es in wenigen Tagen verschwunden. Wohin es gelangen konnte, ließ sich trotz einer aufwändigen Suche niemals klären.

ALTE LIEBE

Ihre alte Liebe
   hält mich so fest,
   dass sich meine Seiten zusammenquetschen.

Ihre alte Liebe
   legt mich in ihren Schoß,
   wenn wir rollen durch stumme Gänge.

Ihre alte Liebe
   knickt die eine oder andere meiner Seiten,
   ohne dass es mich schmerzt.

Ihre alte Liebe
   versteckt mich unter ihrem Kissen,
   damit ich sie beschütze in der stets zu langen Nacht.

Ihre alte Liebe
   lauscht dem Rascheln meiner Seiten
   und erschafft mich täglich neu.

Buch Nummer dreizehn:
AUSGESETZT UND ADOPTIERT

Nachdem es von Buch Nummer zwölf getrennt worden war, obwohl es so gerne mit ihm gemeinsam in das Stift geschickt worden wäre, wollte es mit niemandem aus dem Karton mehr etwas zu tun haben. Es hatte sie satt, all die Diskussionen über die Rolle des Buches im Allgemeinen und im Besonderen, es konnte sie nicht mehr ertragen, all die gefallsüchtigen Vorträge über das Lesen als Instrument der Vergesellschaftung. Es wollte nur noch eines: Raus auf der Kiste, egal um welchen Preis. Es wollte lieber durchweicht auf einem öffentlichen Platz enden oder in einer Altpapiertonne umschlungen von Zeitungsblättern sterben als weiterhin in dieser Zwangsgemeinschaft zu bleiben.

– Ich kann dir leider nicht helfen, denn im Moment gibt es niemanden, der sich auch nur ansatzweise für dich interessiert, denn du wärst als Nächstes an der Reihe, sagte seine Schöpferin.

– Egal. Ich muss hier trotzdem raus!

– Nun denn, früher wurden diejenigen ausgesetzt, die man nicht wollte.

– Eine super Idee! Dann werde ich nun zu einem Findelbuch oder einem Fundbuch.

So gelangte es tatsächlich mit Hilfe seiner Schöpferin an das Eingangsportal der benachbarten Kirche, damit es jemand finden und aufnehmen möge. Das Buch Nummer dreizehn war sich schnell im Klaren darüber, dass sein größter Tages- und Nachtfeind fortan der Regen war, denn es regnete viel in jenem Sommer, in dem man es zur Adoption ausgesetzt hatte. Es hätte sich gerne mit anderen Findelbüchern zusammengetan, um eine Petition für die Einrichtung von sogenannten Drehladen an den Eingangstüren von Bibliotheken zu verfassen, denn eine solche Bücherklappe hätte es gerettet. Stattdessen wartete es vergeblich auf einen Besucher der Kirche, der es zumindest in den trockenen Innenraum tragen würde, in dem vor einigen Wochen Buch Nummer drei nach dem durchlittenen Desaster in der Buchhandlung von einer Gemeindefrau gefunden und in die zur selben Pfarrei gehörende Leihbücherei gebracht worden war. So lag es und lag es und niemand der Leute, die die Kirche betraten, beachtete es. Einige von den Kirchenbesuchern zündeten eine oder mehrere Kerzen an und beteten. Das Buch hatte während der Schachteldebatten aufgeschnappt, dass es immer wieder vorkommen solle, dass Bücher bzw. das, was in sie hineingeschrieben ist, einen derartigen Hass auslösen, dass sie am eigenen Leibe verbrannt würden. Derartiges wünschte es sich nicht für sich selbst, aber in besonders schlechten Momenten hätte es gerne mit einer der Kerzen getauscht, die in seiner Sichtweite brannten.

Immer wieder dachte das Buch Nummer dreizehn auch an diejenigen, die sich noch im Karton aufhielten und an die anderen, die bereits ausgezogen waren. Es wusste nicht, was aus ihnen geworden war, es wusste nur, dass ihm selbst ein unbekanntes Schicksal drohte. Obwohl es sich nicht in den Karton zurücksehnte, dachte es darüber nach, warum es ihn verlassen hatte, um seiner eigentlichen Bestimmung zu folgen und einen Leser zu finden. Und wenn es niemals einen finden würde? Wenn es bis ans Ende aller Zeiten vor diesem Portal liegen müsste? Wäre es dann nicht besser gewesen, geduldig den Stillstand auszuhalten als durch das Ausgesetztwerden seine Existenz zu riskieren?

– Guck mal Mama, was da liegt!, hörte es plötzlich eine hohe Stimme und wurde von einem Jungen im Kindergartenalter aufgehoben.

Es erschrak furchtbar, weil ein Kind in diesem Alter normalerweise noch nicht lesen kann und Buchseiten bisweilen in Papierschiffchen verwandelt.

– Gib her, Jannik, das ist ein Buch.

– Liest du mir gleich daraus vor?

Und zu seiner größten Freude zog es wenige Stunden später in eine dieser sanierten Altbauwohnungen mit Stuckdecken ein, zu seinem größten Schrecken jedoch ausgerechnet ins Kinderzimmer. Nachdem die abendlichen Kämpfe ums Zähneputzen und Schlafanzuganziehen ausgefochten waren, nahm Janniks Mutter das Buch Nummer dreizehn in die Hand und blätterte darin herum.

– Jannik, das ist für Erwachsene! Das ist über ein Buch, das mit anderen Büchern in einer Schachtel lebt.

– In einem Karton, meldete sich das Buch zu Wort.

– Hör mal Mama!!! Das Buch spricht.

– Das kann nicht sein, Jannik. Bücher sind keine Lebewesen, die sprechen.

– Natürlich sprechen wir Bücher!

– Hörst du, es hat wieder etwas gesagt!, freute sich Jannik.

– Wenn du mich auf die Schippe nehmen möchtest, dann lese ich dir nichts vor.

– Aber ich kann doch nichts dafür! Es gibt eben sprechende Bücher und den Osterhasen und den Nikolaus und das Christkind.

Dagegen konnte Janniks Mutter nichts einwenden, denn sie wollte ihren Sohn nicht zu früh entzaubern.

– Okay, einverstanden. Ich lege jetzt mit dem Vorlesen los.

Doch ihr Sohn war bereits eingeschlafen.

NEUE WELT

Auf einer Bettdecke liegend
denke ich im Atemtakt
eines schlafenden Kindes
an den Moment,
als ich entdeckt worden bin
von ihm,
das nun in seinen Träumen
auf mir reitend
auf den Wellen schaukelt,
bis ich ihm
mit einem lauten Gähnen
eine Ladung Buchstaben
ins Gesicht sprühe,
damit es sie entdecken möge
diese Neue Welt.

Buch Nummer vierzehn im Gespräch mit Buch Nummer fünfzehn:
WIE DIE ZUKUNFT AUSSEHEN KÖNNTE

Es hatte sich lange nichts mehr getan und wurde täglich stiller um sie und zwischen ihnen. Dennoch sagte Buch Nummer vierzehn zu Buch Nummer fünfzehn:

– Du weißt, dass eine mögliche Zukunft im Digitalen liegt?

– Wie meinst du das?, wunderte sich Buch Nummer fünfzehn.

– Mit einem vorangestellten „E" hätten wir womöglich eine bessere Chance. Dann wären wir E-Books oder noch besser enhanced E-Books, was heißt, dass wir beispielsweise in Hyperlinks integriert wären, dozierte das Buch vierzehn und freute sich darüber, dass es endlich seine neuesten Ideen, wenn schon nicht an einen Leser, dann zumindest an ein anderes Buch bringen konnte.

– Klingt cool, aber wäre das nicht das Aus für solche, die aus Papier bestehen?

– Solche wie wir wird es sicherlich noch länger geben, aber wir würden als E-Books zusätzliche Leser finden, meinte Nummer vierzehn.

– Schlimmer als jetzt könnte es sowieso nicht mehr werden, lamentierte Nummer fünfzehn.

– Hast du denn jegliche Hoffnung verloren, dass wir bald rauskommen, wenn auch nicht groß?

– Sozusagen, gab Nummer fünfzehn zu.

– Ich fände es jedenfalls völlig in Ordnung, wenn es mich auch als E-Book gäbe oder wenn man meinen Inhalt wenigstens ins Netz stellen würde, sagte Buch Nummer vierzehn.

– Du kennst die Gefahren des Netzes nicht?! Du würdest womöglich ganz oder teilweise geraubt.

Diese Idee fand das Buch Nummer vierzehn jedoch wesentlich anziehender als seine faktische Nichtexistenz, denn was könnte es Schlimmeres geben als zu existieren, ohne zu existieren, als zu leben, ohne zu leben.

EIN PARTIELLES WEITERLEBEN

Zitiert
kämen manche meiner Sätze
oder gar ganze Passagen
in ein anderes Buch,
das viel bekannter würde
als ich es jemals hätte werden können
und ließen mich dadurch im wahrsten Sinne des Wortes
PARTIELL
weiterleben,
auch wenn die von mir geliehenen,
oder bei anderer Einstellung
auch als geraubt bezeichneten Teile
nicht mehr als zu mir gehörig erkennbar wären.

Buch Nummer vierzehn:
SCHÖNE AUSSICHT

Nach all der Warterei hatte das Buch Nummer vierzehn entschieden, sich nicht mehr davon abhängig zu machen, ob es eines Tages gelesen werden würde oder nicht. Es war erschienen, seine frischen Seiten glänzten und das war genug. In einer derartig ausgeglichenen Stimmung verbrachte es seine Tage und Nächte, ohne darüber nachzudenken, warum die ersten dreizehn den Sprung aus der Schachtel geschafft hatten und es selbst noch nicht. Es hatte keine Lust, eine Selbsthilfegruppe für ungelesene Bücher zu gründen, wie es im Moment von den anderen diskutiert wurde. Die ganze Aufregung um das Herauskommen erschien ihm unnötig. Dennoch hatte es nicht das Geringste einzuwenden, als sich der Schachteldeckel öffnete und es folgende Frage hörte:

– Wer ist dran? Ich habe es geschafft, dass eines von euch in eine Bibliothek einziehen darf.

– In welche Bibliothek denn?, fragte Buch Nummer vierzehn.

– In die des Goethe-Instituts von Buenos Aires.

– Ist das nicht ein bisschen weit?

– Doch, aber wir werden gemeinsam hinfliegen und bis dahin liegst du in meinem Koffer.

– Naja, ich bin es zwar gewohnt, eingesperrt zu sein, aber ich kann mir wahrlich etwas Spannenderes vorstellen.

– Willst du denn lieber zu Hause bleiben?

– So war es nun auch wieder nicht gemeint.

So verschwand Nummer vierzehn zwischen T-Shirts, Hosen, Socken und Slips und fand keinen rechten Draht zu den

Kleidungsstücken. Es langweilte sich fast zu Tode unter ihnen, aber die Aussicht auf einen Bibliotheksplatz war verlockend.

– Warum redet ihr nicht mit mir?, versuchte es mit den Unterhemden, zwischen die es gerutscht war, ins Gespräch zu kommen.

Außer einem albernen Kichern kam keinerlei Resonanz.

– Macht ihr euch etwa über mich lustig?, fragte das Buch Nummer vierzehn zunehmend irritiert.

– Mach dir nichts draus, die sind so albern. Mit mir wollen sie auch nichts zu tun haben, antwortete ihm eine Grammatik der deutschen Sprache, die in einem T-Shirt eingewickelt ganz in der Nähe von ihm lag.

– Na ja, zum Glück redest du wenigstens mit mir. Gehst du auch ins Goethe-Institut? Oder was machst du in Buenos Aires?

– Ja, ich reise gemeinsam mit dir ins Goethe, aber nicht in die Bibliothek. Ich werde gebraucht für den Deutschunterricht.

– Schön für dich! Es würde mir ebenfalls Spaß machen, im Unterricht eingesetzt zu werden.

– Gewiss! Ein im Deutschen weit fortgeschrittener Leser wird dich vielleicht entdecken, dich ausleihen und dich mit Hilfe eines Wörterbuchs zu verstehen versuchen.

– Danke, liebe Grammatik. Deine Worte tun mir echt gut. Du bist gar nicht so unzugänglich, starr und schwierig, wie man es gemeinhin sagt.

– Wir Grammatiken haben einen schweren Stand. Kaum jemand kann uns leiden, die meisten fürchten uns sogar und zwar sowohl, was die Lernenden als auch was die Lehrenden betrifft. Aber wer uns verschmäht, wird nie eine fremde Sprache in ihrer voller Schönheit genießen können.

– Das ist interessant, liebes Grammatikbuch. So habe ich das bisher noch nie gesehen. Ich finde es schön, dass wir die weite Reise miteinander teilen.

– Vielleicht ist es möglich, dass deine Schöpferin mit dir im Goethe eine Lesung veranstalten kann.

– Das hat sie bereits versucht, leider ohne Erfolg, denn gibt keine derartigen Kulturangebote im Institut.

EINES TAGES

Eines Tages wird meine Hoffnung in Erfüllung gehen.

Eines Tages, wenn ich jede Hoffnung aufgegeben habe, werde ich gefunden werden.

Eines Tages werden auch Augen über meine Zeilen gleiten, werden Finger mich berühren und ich werde hineingezogen werden in einen Leser.

Eines Tages wird sich meine Hoffnung ändern.

Eines Tages werde ich nicht darauf warten, dass ich von einem Leser gefunden werde, weil sich meine zerknitterten Seiten nach Ruhe sehnen.

Eines Tages werde ich zufrieden sein und über die anderen Bücher lächeln, die auf einen Leser warten.

Eines Tages wird alles gut sein.

Buch Nummer fünfzehn:
EIN KLEINES WUNDER

Auch wenn sich das Buch Nummer fünfzehn nach einigen Wochen damit abgefunden hatte, ein einkartoniertes Leben zu verbringen und sich vorgenommen hatte, nicht mehr darüber zu jammern, denn es hatte eine trockene Bleibe, sozusagen ein Dach über dem Kopf und wurde weder zerrissen, noch vertrieben, noch verbannt oder verbrannt. Auch wenn es das Miteinander trotz der Enge und der Dunkelheit des Kartons, in dem es mit den anderen eingepfercht war, allmählich zu ertragen lernte, denn wenigstens war es nicht allein und sie hatten sich gegenseitig noch vieles mitzuteilen, obwohl sie sich BUCHstäblich auswendig kannten. Auch wenn es von Tag zu Tag, von Stunde zu Stunde, von Minute zu Minute den Glauben daran verlor, irgendwann einen Leser zu finden, geschah eines Tages ein kleines Wunder:

– Ich werde aus einem von euch in einem Kultursalon vorlesen und nehme einige von euch mit, damit ihr einen Leser finden könnt, so sprach die den Büchern vertraute Stimme und holte Nummer fünfzehn heraus (und zu seinem großen Erschrecken ebenfalls Nummer sechszehn, siebzehn, achtzehn, neunzehn und zwanzig).

– Und aus welchem von uns wirst du vorlesen?, fragte Buch Nummer fünfzehn.

– Aus dir natürlich und deshalb brauche ich dich nun in meiner Nähe.

– Aber dann wird mich kein Fremder mehr haben wollen!

– Ja, aber du wirst in Zukunft viel mit mir unterwegs sein.

– Das klingt gut und so könnte ich den anderen helfen, Leser zu finden.

– Genauso soll es sein und nun komm, denn ich muss mich entscheiden, welche Seiten ich von dir vorlesen werde.

– Wirst du auch etwas Buntes in mich hineinmalen?

– Nein, aber ich werde kleine Zettel in dich hineinkleben, damit ich die entsprechenden Stellen von dir schnell finden werde.

– Huch. Pass aber auf! Ich bin ein kitzeliges Buch, kicherte Nummer fünfzehn und wurde ein klein wenig verlegen.

Als der Tag gekommenen war, fühlte sich das Buch sehr wichtig, während es von seiner Schöpferin genommen und kapitelweise vorgelesen wurde. Es gab immer wieder einen kleinen Zwischenapplaus und Nummer fünfzehn gelangte zu dem Schluss, dass es vielleicht doch nicht so schlecht war, wie es gedacht hatte. Es war sehr stolz, dass nach der Pause alle vierzig Zuhörer wieder auf ihren Plätzen saßen und der Spannungsbogen gehalten werden konnte. Zudem hatte es am Rande mitbekommen, dass sich einige der Besucher des Kultursalons für die auf einem Büchertisch liegenden identischen Ausgaben seiner selbst zu interessieren schienen, das eine oder andere Buch in die Hand nahmen und durchblätterten. Es bestand also Hoffnung, dass die Veranstaltung dazu führen könnte, den einen oder anderen Platz bei einem Leser zu finden.

Nachdem der Schlussapplaus verklungen war, lag das Buch fünfzehn erschöpft, aber glücklich auf dem Schoß seiner Schöpferin und freute darauf, dass es in Zukunft mit ihr unterwegs sein würde.

SO ETWAS WIE NEUGIERDE

Meine Sätze breiten sich aus,
schweben hinaus
durch die Stimme meiner Schöpferin,
die mich trägt
zu all denen,
die gekommen sind,
ohne zu wissen warum,
ohne zu ahnen, was sie erwartet,
und in einigen von ihnen
entsteht so etwas wie Neugierde
auf mich als Ganzes
und somit der Wunsch
mich oder genauer gesagt,
einen meiner Klone
besitzen zu wollen.

Buch Nummer sechzehn:
BUDA ODER PEST?

Als der Beifall der Leserschaft verebbt war, zersprangen die auf einem Tischchen in Wartespannung liegenden Bücher Nummer sechzehn bis Nummer zwanzig vor Neid. Nummer fünfzehn hatte seine Show gehabt und durfte fortan durch verschiedene Kulturinstitutionen ziehen, während sie noch nicht einmal wussten, ob sie den ihnen zugeschriebenen sogenannten Selbstkostenpreis für einen potenziellen Leser überhaupt wert wären. Aber auch ohne Preis wären sie es womöglich nicht wert, gelesen zu werden, denn sie hatten den Satz „Was nichts kostest, kann auch nicht nichts wert sein" bereits des Öfteren gehört. Während sich diejenige, die all die Worte in sie hineingeschrieben hatte, angeregt über den Inhalt austauschte und zum x-ten Mal erklärte, dass sie all das niemals so erlebt wie sie es geschrieben habe, verloren die Bücher Nummer sechzehn bis zwanzig allmählich die Hoffnung auf einen Leser. Sie stellten sich die Häme von Nummer einundzwanzig bis fünfundzwanzig vor, wenn sie in den Karton zurückkehrten.

Umso mehr glaubte das Buch Nummer sechzehn zu träumen, als es auf einmal von einem feinen Herrn mit schütterem Haar vorne aufgeklappt wurde. Mit einem leichten Akzent, der irgendwo in Osteuropa zu verorten war, erbat dieser Herr, dass einige neue Wörter in das Buch hineingeschrieben werden, die es dauerhaft mit ihm verbinden sollten. Der erste Leser von Nummer sechzehn hatte einen oft falsch geschriebenen ungarischen Vornamen und behutsame Hände.

– Was soll in mich geschrieben werden?, fragte das Buch.
– Für Laszlos Flugreise.

– Wohin fliegst du denn mit mir?

– Es wird nur nach Budapest gehen, aber da du dünn bist, wird die Zeit im Flugzeug ausreichen, um dich durchzulesen und dann lasse ich dich dort bei Freunden von mir, die gerne auf Deutsch lesen.

Das Buch Nummer sechzehn schämte sich ein wenig darüber, dass es nicht auf Ungarisch vorlag und versuchte deswegen vom Thema abzulenken:

– Komme ich nach Buda oder nach PeSCHt?

– Nach PeSCHt. Es ist schön, dass du das „s" als „sch" aussprichst. Du scheinst ein schlaues Buch zu sein.

– Oh, das glaube ich eher nicht, aber ich freue mich sehr auf unsere gemeinsame Reise und mein zukünftiges Leben in PeSCHt.

WER ODER WAS?

Wer oder was bin ich,
wenn nicht ein Buch,
das sich in der Fremde
zu Hause fühlt
und zu Hause fremd.

Wer oder was bin ich,
wenn nicht ein Buch,
das in der Fremde von Fremden
gelesen wird,
weil sie sich in seiner Sprache
heimisch fühlen.

Wer oder was bin ich,
wenn nicht ein Buch,
das seinen Platz gefunden hat
in einem neuen Land
und das weiß,
dass es keinen Rückweg gibt.

Buch Nummer siebzehn:
IN DEN FÄNGEN DER PÄDAGOGIK

Nicht nur der ungarische Herr schlich um den Büchertisch herum, sondern auch eine bildungsbeflissene Gymnasiallehrerin, die überaus begeistert vom Gehörten war. Genau einen derartigen literarischen Stoff hatte sie schon seit Längerem vergeblich gesucht als Pflichtlektüre für die Schüler ihres Deutsch-Grundkurses. Ein überschaubares Buch – mehr als 150 Seiten würde von der Mehrzahl ihrer dreizehn Schüler sowieso als Zumutung empfunden werden –, das Lust aufs Lesen macht. Zumindest hoffte sie das.

– Dürfte ich Ihnen eines der Bücher abkaufen?, wandte sich die Lehrerin an die Schöpferin, die gerade das Gespräch mit Laszlo beendet hatte.

– Aber gerne! Es wird sich sicherlich darüber freuen, dass es bei Ihnen ein neues Zuhause finden wird. Wünschen Sie eine Widmung?

– Danke, aber das ist nicht nötig. Ich möchte das Buch im Deutschunterricht einsetzen, um meine Schüler zum Lesen zu animieren.

– Das ist ja eine bezaubernde Idee! Brauchen Sie dann nicht mehrere Exemplare?

– Danke, das eine wird mir als Kopiervorlage dienen. Es sind ja nicht allzu viele Seiten und meine dreizehn Schüler sollen mit der Lektüre arbeiten, das heißt Stellen unterstreichen usw.

– Viel Erfolg mit Ihrem Unterricht! Ein Feedback würde mich freuen.

Das Buch Nummer siebzehn hatte dem Dialog aufmerksam gelauscht und sich entschieden, sich lieber nicht einzumischen. Eine Lehrerin, die sich Stunden über Stunden mit ihren Schülern auseinandersetzen musste, hatte womöglich keine Nerven für ein Gespräch mit einem Buch. Die Vorstellung, in vervielfältigter Form von gleich dreizehn Schülern gelesen und anschließend im Kurs diskutiert zu werden, empfand es als äußerst aufregend. Es stellte sich vor, wie seine einzelnen Kapitel auseinandergenommen würden und wie viel zusätzliche, über ein normales Lesen hinausgehende Aufmerksamkeit es dadurch bekommen würde. Aber zuvor würde die Lehrerin es sich zu Gemüte führen, um sich dann eine Einführung ins Thema „Warum lesen wir?" auszudenken. Sie hatte vor, mit den Lernenden ein Assoziogramm mit dem Wort „Lesen" in der Mitte an die Tafel zu erstellen und sie nach ihren eigenen Leseerfahrungen zu fragen. Dann würde sie eine kurze Einführung in LIES MICH geben und das kopierte Buch verteilen. Schließlich würde jeder Schüler die „Vorgeschichte" und das erste Kapitel in Stillarbeit lesen, um sich danach über folgende zwei Fragen Gedanken zu machen:

Welche Erfahrungen könnten die Bücher machen?

Was hast du selbst schon mit einem Buch erlebt?

Schließlich würden Zweiergruppen gebildet werden und die Schüler würden sich gegenseitig von ihren Bucherfahrungen berichten.

Die Lehrerin war mit ihrem Grobentwurf der nächsten Doppelstunde in ihrem Grundkurs sehr zufrieden. Mit einem guten sogenannten ‚Bauchgefühl' – seit Kurzem ging sie in eine Therapiegruppe, um mit ihrer Emotionalität besser in Kontakt zu kommen – radelte sie in ihrer hochgebirgsverdächtigen Funktionskleidung nach Hause und war froh, dass sie einen terminfreien Sonntag vor sich hatte, den sie im Bett mit der zukünftigen Kurslektüre verbringen konnte.

EIN LERNZIEL NAMENS LESEN

In leicht verdauliche Häppchen zerteilt,
animierend präsentiert,
ansprechend didaktisiert,
klug kontexualisiert,
mit erreichbaren Lernzielen garniert,
mit der Lebenswirklichkeit der Lernenden verknüpft.

So werde ich tatsächlich rezipiert,
mit den beim Lesen ausgelösten Gedanken konfrontiert,
heftig kritisiert,
leidenschaftlich debattiert,
in kopierter Fassung
zerschlissen,
zerrissen,
weggeschmissen
und am Ende dem völligen Vergessen
preisgegeben
oder als Erinnerung bewahrt
an ein Lernziel namens
Lesen von fiktionalen Texten.

Buch Nummer achtzehn:

EIN SEITENWEISES EROBERTWERDEN

Das Buch Nummer achtzehn war nach der Veranstaltung von seiner Schöpferin vergessen worden und machte sich gegenüber der Leiterin des Kultursalons und einer ihr helfenden Freundin folgendermaßen hörbar:

– Nehmt mich mit! Ich koste nichts, nerve nicht und passe auch in museumsgängige Designer-Rucksäcke oder in chronisch überfüllte Handtaschen.

Da die kulturbeflissene Leiterin bereits das Buch Nummer elf überflogen und ihrer fünfjährigen Tochter zur kreativen Weiterverarbeitung gegeben hatte, konnte sie sich keinesfalls ohne schlechtes Gewissen auf den Wunsch von Buch Nummer achtzehn einlassen.

– Eines deiner Art befindet bzw. befand sich schon in meiner Wohnung.

– Oh, dann hat es wohl mehr Glück gehabt als ich selbst, meinte das Buch Nummer achtzehn.

– Da wäre ich mir nicht allzu sicher! Ich weiß nicht, ob du es wiedererkennen würdest.

– Wieso denn nicht? Hat man ihm einen Schutzmantel angezogen?

Darüber lachte die Leiterin heftig.

– Das wäre womöglich angebracht gewesen. Es ist ..., es ist ...

– Ich möchte es lieber nicht erfahren, meinte das Buch Nummer achtzehn, das Schlimmes ahnte und wandte sich an die interessiert zuhörende Freundin der Leiterin des Kultursalons:

– Dann nimm du mich!

– Ich lese nicht.

– Was?! Du kannst nicht lesen!!!

– Doch! Ich meine, dass ich keine Bücher lese.

– Das gibt es nicht. Was liest du denn so?

– Alles Mögliche: Überweisungen, Heil- und Kostenpläne, Artikel über Zahnmedizin und dann natürlich jede Menge Mails, SMS und Nachrichten über Whatsapp.

– Dann wäre ich doch eine Chance für dich: Das erste durchgelesene Buch in deinem Leben. Darf ich nun mit oder hast du kleine Kinder oder gar Haustiere?

– Nein, zum Glück nicht! Ich fürchte nur, dass ich dich nicht ganz verstehen würde.

– Na ja, wer versteht schon einen anderen gänzlich?! Wenn nur diejenigen zusammenleben würden, die sich ganz oder zumindest fast ganz verstehen, würden fast alle alleine leben müssen.

Darüber lachten die potenzielle Buchleserin und die Leiterin des Kulturinstituts und sie begannen über ihre jeweiligen zukünftigen Ex-Freunde und über ihre geplanten, neuen Eroberungen zu diskutieren.

– Und wer erobert mich?, versuchte sich das Buch achtzehn erneut ins Gespräch zu bringen.

– Na gut! Ich werde versuchen, dich Seite für Seite zu erobern.

– Wow! das hört sich ja richtiggehend sexy an. Wann beginnst du damit?

– Auch das ist ein Problem. Ich komme zu nichts; ständig werde ich abgelenkt von allem möglichen Kram und kann mich auf nichts richtig konzentrieren.

– Na ja, immerhin wohnst du alleine, sagte die Leiterin des Kultursalons zu ihrer Freundin.

– Mir raubt Katharina oft den letzten Nerv. Und wenn sie sich mal mit sich selbst beschäftigt, dann nur, um ein Buch auseinanderzunehmen.

– Hilfe! Aber hoffentlich nicht meinen Klon, die Nummer elf!!! Ich möchte die Wahrheit wissen. Bitte sag mir jetzt die ganze Wahrheit.

– Mein liebes Buch, du würdest Nummer elf nicht mehr erkennen. Es gibt dieses Buch nicht mehr. Es wurde zerrissen und dann wieder zusammengeklebt. Es war kein Buch mehr. Es war ein Häufchen Elend, das ich ins Altpapier geworfen habe. Meiner Tochter Katharina tat die Aktion später leid, aber sie war nicht mehr rückgängig zu machen.

– Nun weiß ich endlich, dass es Schlimmeres gibt als nicht gelesen zu werden, meinte Nummer achtzehn.

EIN GROSSES ODER EIN KLEINES ETWAS

Mein Inhalt möge dir ETWAS Halt geben
und du sollst mich ETWAS aushalten,
auch wenn mein Inhalt dich nicht gut unterhält,
weil er bisweilen ETWAS zu gehaltvoll ist.
Halte mich ETWAS fest
in deinen Gedanken
und erhalte zumindest ETWAS von mir,
dadurch, dass du ETWAS von mir, was du nicht für dich behalten möchtest, anderen mitteilen wirst
und dadurch, dass du ETWAS von mir in dir behalten wirst,
auch wenn du von meinem Inhalt ETWAS nicht verstehst.

Die Bücher Nummer neunzehn, zwanzig und einundzwanzig:
JENSEITS DER BESTIMMUNG

Nicht, dass die Bücher Nummer neunzehn, zwanzig und einundzwanzig dem Buch Nummer fünfzehn den Applaus nicht gegönnt hätten; nicht, dass sie dem Buch Nummer sechzehn und dessen neuen Besitzer auf dem Flug nach Ungarn das Lesen unerträglich machende Turbulenzen gewünscht hätten, nicht, dass sie dem Buch Nummer siebzehn seinen Auftritt als Schullektüre übel genommen hätten oder dass sie dem Buch Nummer achtzehn seine nicht lesen könnende mögliche Leserin missgönnt hätten. All das taten sie nicht, aber etwas anderes auch nicht: Zurückkehren in ihren Karton. Da sie nun einerseits wussten, welch aufregende Möglichkeiten ein Bücherleben in der Außenwelt – von den Gefahren desselben ahnten sie nichts – zu bieten hatte, sich aber bedauerlicherweise andererseits keine weiteren Interessenten fanden, beschlossen sie, sich fortan der freien Kunstszene zugehörig zu fühlen und zu versuchen, in einer sogenannten Installation oder besser gar in einem Environment verwendet zu werden. Da kein passender Konzeptkünstler auf der Lesung gewesen war, schlichen sie sich in einen kleinen Abstellraum, wo allerlei Bilder und andere Kunstgegenstände aufbewahrt wurden, denn es fanden regelmäßig Ausstellungen im Kultursalon statt. Erschöpft vom Warten auf einen Leser und von den Strapazen des Abends kuschelten sie sich in einen auf dem Boden liegenden Keilrahmen und versuchten einzuschlafen.

Buch Nummer neunzehn:

GEISTERSTUNDE

In einem Keilrahmen zu schlummern, war auf die Dauer jedoch keine daseinserfüllende Aufgabe. So stahl sich Buch Nummer neunzehn, ohne sich von den unangenehm schnarchenden beiden anderen zu verabschieden, aus der Abstellkammer und schlich in den Ausstellungsraum. Zu seinem Erstaunen tauschten sich die Bilder munter miteinander aus.

– Wenn uns niemand kauft, werden wir uns im Atelier wieder todlangweilen, meinte „Ohne Titel 1".

– Na ja, es hat doch einige Reservierungen für dich und für andere gegeben, sagte „Ohne Titel 2".

– Im Grunde ist es doch immer ähnlich: Die eingeladenen Vernissage-Gäste schreiten uns höflicherweise nacheinander ab, heucheln Interesse und verschwinden sang- und klanglos, sagte „Turning point in red".

– Sei doch nicht so negativ! Unser Schöpfer verkauft doch gut und wir werden gebührend beachtet. Würdest du etwa mit einem dieser armseligen Bücher tauschen wollen, die nach der Lesung unverkauft auf dem Tisch herumlagen?

Trotz der Anspielung auf die Nichtbeachtung seiner selbst und seiner Klone fühlte sich das Buch Nummer neunzehn unter den miteinander diskutierenden Bildern auf der Stelle wohl; deren Debatten erinnerten es nämlich sehr an die Gespräche zu Hause im Karton.

– Auch ich möchte nicht dorthin zurück, wo ich herkomme, mischte sich das Buch Nummer neunzehn ein.

– Huch, ein Geist!, schrie das riesige dreiteilige Gemälde „To be at ease".

– Quatsch. Wir befinden uns nicht auf der Art Cologne, wo es ja spuken soll, sagte „Ohne Titel 1".

– Was weißt du schon von der ART? Dort wirst du sowieso nie ausgestellt werden.

Das Buch gefiel sich sehr in der Rolle eines Gespensts. Um von den Bildern nicht entdeckt zu werden, versteckte es sich hinter einem der aufmerksamkeitsheischenden, knallroten Vorhänge und sprach:

– Wer oder was ist Kunst?

Diese Frage traf die ausgestellten Bilder derartig, dass sie am liebsten aus ihren Keilrahmen gestiegen und sich zusammengerollt hätten. Sie ahnten, dass sich das Gespenst die denkbar schwierigste Frage für sie ausgedacht hatte.

– Warum antwortet ihr mir nicht? Ich bin nur ein noch ungelesenes Buch und warte darauf, dass ich wenigstens von einem einzigen Leser entdeckt werde. Ähnlich wie ihr grüble ich darüber nach, worin meine Existenzberechtigung bestehen könnte.

– Wenn du nur ein harmloses, herrenloses Buch bist, dann zeige dich bitte und jag uns niemals mehr einen solchen Schrecken ein!

– Hallo, hier bin ich und würde gerne bei euch in der Ausstellung bleiben.

– Für diese Nacht bist du bei uns willkommen, obwohl du inhaltlich nicht zu uns passt. Morgen Mittag werden wir abgehängt und ins Atelier zurückgebracht. Dann wird es auch für uns wieder eng und langweilig.

– Oh, dann haben wir etwas Entscheidendes gemeinsam: Ein ereignisloses Leben jenseits der Bestimmung. Meinst du, dass ich mit euch gehen könnte?

– Ja, komm her, sagte eine Skulptur, die das Buch bisher noch nicht wahrgenommen hatte.

– Wenn du dich in mir versteckst, ziehen wir morgen gemeinsam ins Atelier zurück. Du musst aber lernen, dich still und unauffällig zu verhalten.

Das Buch Nummer neunzehn entdeckte ein merkwürdiges Objekt: Eine Frisierkommode mit Schubladen, über der ein dreiteiliger, mehrfach zersprungener Spiegel hing und das passenderweise „Who I am?" hieß. Als sich das Buch in dem kaputten Spiegel betrachtete, konnte es seinen Titel nicht mehr lesen und fand die umgedrehten Buchstaben geradezu bedrohlich.

– Was schaust du so entsetzt?, machte sich das Bild „Broken wings" lustig, das im Gegensatz zu „Who I am?" geradezu traditionalistisch und etwas gefällig anmutete.

– Ich kann mich selbst nicht mehr lesen, meinte das Buch.

– Das ist gerade der Sinn von mir. Der Betrachter wird sich seiner selbst bzw. seiner eigenen Identität unsicher. Das erklärt auch meinen Titel und ich freue mich, dass dieser Prozess sogar in einem Buch ausgelöst wird. Was dich verwirrt, ist nicht nur die Verzerrung durch die Sprünge im Glas, sondern die Spiegelschrift.

– Danke für deine Erklärungen. Könnte ich mich nun in eine deiner Schubladen legen und morgen in das Atelier als blinder Passagier mitreisen?

– Welcome on board, lachte „Who I am" und fuhr in majestätischer Langsamkeit eine ihrer Schubladen für Nummer neunzehn aus.

WEIT MEHR ALS

man bezeichnet mich weder als buchkunst
noch bin ich ein kunstbuch,
aber
weit mehr als mein design
oder mein inhalt auf den ersten blick vermuten ließen,
könnte ich mich verwandeln
in etwas anderes,
in etwas verrücktes,
in etwas, was den blick verrückt,
ohne den rezipienten des objekts,
das ich wäre
oder des environments,
in das ich integriert wäre,
auf eine unangenehme weise verrückt zu machen,
weil er
mit hoher wahrscheinlichkeit
weder das objekt
noch das environment
verstehen würde
und mit noch höherer wahrscheinlichkeit so täte,
als ob sich sein horizont
durch das rezipierte immens erweitert hätte.

Buch Nummer zwanzig:
IN HERZPAPIER BEI EINEM BÜCHERWURM

Heute war der große Tag, heute war es so weit, ein Freund der Schöpferin hatte Geburtstag. Im fast leeren Karton war es inzwischen sehr still geworden, fast schon unheimlich still. Nahezu alle hatten mehr oder weniger erfolgreich ihren Weg hinaus in die Welt gefunden. Es standen keine weiteren Veranstaltungen mehr an und es wurde zunehmend schwieriger, Leser aufzutun. So kam der Geburtstag eines sehr zurückgezogen lebenden Freundes gerade richtig.

– Komm her, ich muss dich jetzt verpacken! So sprach die Schöpferin, als sie das Buch Nummer zwanzig herausholte.

– Bin ich denn nicht hübsch genug, so wie ich bin?

– Doch, doch, aber mit dem Papier, das ich um dich herumlegen werde, siehst du nach einem Geschenk aus und so soll es sein.

– Und wenn mich dieser Freund von dir niemals auspacken wird!?

– Welch eine absurde Idee! Natürlich packt er dich aus. Schon aus Neugierde, aber halte jetzt still, sonst bekomme ich das Papier nicht richtig um dich herumgewickelt.

– Gleiche ich nun einem Objekt des Ehepaars Christo?

– Wo hast du denn diesen Namen aufgeschnappt?

– Ich habe mal eine Nacht in der Abstellkammer des Kultursalons verbracht und da unterhalten sich verpackte Bilder über dessen Objekte.

– Wow! Ein gutes Gedächtnis hast du. Aber Geschenkpapier hat eher wenig mit den Arbeiten von Christo zu tun.

Bis zur Unkenntlichkeit verkleidet gelangte das Buch Nummer zwanzig in den Haushalt eines bibliophilen Junggesellen, der schon lange über niemanden mehr buchstäblich hergefallen war. Anstatt – wie früher – auf die Jagd nach Frischfleisch zu gehen, schleppte er Woche für Woche bergeweise Bücher aus einer Bibliothek heran, um sie danach in sich hineinzuschlingen. Wenn er mit seiner neuen Beute nach Hause kam, machte er sich stundenlang unerreichbar, um sich ungestört darüber herzumachen. Sein unstillbarer Hunger auf literarische Nahrung aller Genres trieb ihn zusätzlich ständig zu den Bücherregalen seiner wenigen, verbliebenen Freunde. Sie liehen ihm gerne ihre bereits gelesenen Bücher aus, weil es manchmal nur wenige Tage dauerte, bis er sie zurückbrachte. Er war so sehr zu einem Bücherwurm mutiert, dass es kaum noch ein anderes Thema für ihn gab, denn sein Job in der Verwaltung einer Krankenversicherung bot keinerlei Gesprächsanlass. Auch schien er, außer in seinen Bücherwelten, schon lange nichts mehr erlebt zu haben, was ihm erzählenswert schien. Auch seine Urlaubstage verbrachte er ausschließlich zu Hause, weil es ihm irrsinnig vorgekommen wäre, mit einem schweren Koffer voller Reiselektüre wegzufahren, um an einem fremden Ort ausschließlich zu lesen. Für alle, die ihn kannten, war es jedes Jahr zu seinem Geburtstag eine besondere Herausforderung, ein Buch zu finden, das er noch nicht kannte. In diesem Zusammenhang war es ein Vorteil der Schöpferin, dass LIES MICH ein unbeachtetes Buch war und er es nicht in einer Buchhandlung hätte erwerben können. Das Buch Nummer zwanzig begann in seiner Verpackung allmählich zu schwitzen und fühlte sich in seinem Gewand aus bunten Herzchen zunehmend lächerlich.

– Warum befreist du mich nicht endlich aus dem komischen Papier?, sprach es seinen zukünftigen Leser an.

– Immer mit der Ruhe! Hier liegen noch all die anderen, die ebenfalls ausgepackt werden müssen. Immer schön der Reihe nach.

In der Tat hatte der Bücherwurm einen beachtlichen Berg vor sich liegen, der ihn circa einen ganzen Monat lang ernähren würde. Der Gedanke, dass er vier Wochen lang nicht auf die Jagd gehen müsste, machte ihn unendlich glücklich. Außerdem war er sich sicher, dass seine Freunde und Kollegen eine interessante Ausbeute an Neuerscheinungen für ihn ausgesucht hatten. Als er spät in der Nacht wieder alleine war und das schmale Päckchen mit dem Herzpapier in die Hand nahm, war er froh, dass er endlich Leseruhe hatte. Er entkleidete das Buch und las es ohne Pause von der ersten bis zur letzten Seite durch.

TIEF IN DER NACHT

Tief in der Nacht
bekommt er
plötzlich Heißhunger auf mich.

Er verschlingt mich,
ohne sich meine saftigen Sätze,
laut vorgelesen, auf der Zunge zergehen zu lassen.

Er schluckt mich herunter,
ohne sich an meinen würzigen Wortspielen
lustvoll zu laben.

Er stopft meine Seiten in sich hinein,
ohne an meinen sensiblen Stellen
innezuhalten.

Kaum verdaut, stellt er mich dann
auf Nimmerwiedersehen
in ein Regal.

Buch Nummer einundzwanzig:
AUF (K)EINER SCHWARZEN LISTE

In der Wohnung eines anderen Freundes der Schöpferin gelandet, lernte das Buch Nummer einundzwanzig viele Bücher kennen, die zwar in einer anderen Sprache und Schrift geschrieben worden waren, aber inzwischen sehr gut Deutsch konnten.

– Warum regst du dich über das Schicksal von dir und deinesgleichen auf?, wurde es von einem voluminösen Gedichtband mit zerfledderten Seiten in fließendem Deutsch, aber mit einem leicht aggressiven Unterton gefragt.

Da das Buch Nummer einundzwanzig schwieg, denn was hätte es schon auf diese provozierende Frage antworten sollen, fuhr der Gedichtband fort:

– Ihr lebt alle zumindest in Sicherheit, auch wenn euch kein Verlag will und sich auch sonst kaum jemand für euch interessiert. Ihr werdet nicht zensiert, könntet überall vorgelesen werden und wenn man euch ins Netz stellte, würde eurer Schöpferin und euren potenziellen Lesern weder Verfolgung noch Schlimmeres drohen.

– Da muss ich dir recht geben. Ich weiß, dass ich und die anderen auf sehr hohem Niveau jammern. Möchtest du mir deine Geschichte erzählen? Warst oder bist du in deinem Heimatland ein sogenanntes verbotenes Buch?

– Ja, und nun hör mir zu: Eines Tages stand ich in Gesellschaft mit anderen, die aus meiner Sicht wenig bis nichts mit mir zu tun hatten, außer dass sie vom Regime als Bedrohung erlebt worden waren, auf einer sogenannten schwarzen Liste.

– Was ist eine schwarze Liste?, unterbrach das Buch Nummer einundzwanzig.

– Das ist eine Liste mit Büchern, die angeblich einen schädlichen oder unerwünschten Inhalt haben. Aber bitte lass mich nun weitererzählen: Wir sollten entfernt werden, nicht nur aus sämtlichen Bibliotheken und Buchhandlungen, sondern aus den Köpfen der Leser. Einige von uns wurden sogar an einen Baumstamm genagelt, was uns grotesk erschien, denn aus Holz waren wir gemacht. Jedoch wussten wir, dass wir uns tief in die Gedanken unser Leser eingegraben hatten und nicht daraus entfernt werden könnten, selbst wenn wir dauerhaft verbannt oder sogar verbrannt werden sollten. Viele meiner Klone waren damals verbrannt worden, nur ich flüchtete unversehrt gemeinsam mit meinem Besitzer in ein fernes Land, wo ich unbescholten leben darf.

– Diese Erfahrung muss ja ganz furchtbar gewesen sein, sagte das Buch Nummer einundzwanzig und schämte sich für die Unzufriedenheit, die es häufig verspürte.

– Ja, aber ich habe gelernt, dass es weitaus Schlimmeres gibt als in einem Karton zu wohnen.

– Danke für die Anspielung! Aber du hast ja recht: Ich weiß, dass ich undankbar bin. Aber auch ich hätte mir ein anderes Schicksal gewünscht. Die Verbannten und Verbotenen werden zumindest wahrgenommen.

– Das war einmal, du liebes und schrecklich verwöhntes Buch! Hier im Exil nimmt niemand von mir Kenntnis. Auch mein Schöpfer, der in seinem Heimatland unter der alten Regierung einst ein gefeierter Dichter war, ist inzwischen fast vollständig in Vergessenheit geraten. Er lebt in Schweden als anerkannter Asylant und hat sich in seinem Kummer ganz dem Schachspiel verschrieben. Anstatt neue Gedichte zu schreiben, hockt er stundenlang vor dem Computer. Er hat nicht nur seine Heimat, sondern auch seine Sprache verloren, was ihm das Herz gebrochen hat.

– Wäre es denn nicht möglich, dich zu übersetzen und in Deutschland neu herauszubringen? Vielleicht würde dies das Gemüt deines Schöpfers ein wenig aufhellen.

– Du weißt doch selbst, wie schwierig es ist, in deinem reichen, aber leseunlustigen Land. Wer sollte sich für uns groß interessieren? Wenn ich ein Thriller wäre, beispielsweise, würde
es womöglich funktionieren. Aber wer liest schon Lyrik?

– Da kann ich nichts dagegen einwenden, meinte das Buch
Nummer einundzwanzig.

– Auch mir und meinen Klonen wurde schon gesagt, dass
wir als Krimi besser laufen würden.

IN SICHERER BEDEUTUNGSLOSIKGEIT

Gelistet werde ich niemals werden
weder im Lager eines Buchladens
noch eines Buchhändlers.

Es gibt mich nicht.
Weder auf einer schwarzen
noch auf einer weißen Liste
noch auf einer Bestellliste

Ich muss mich nicht auf Messen
mit anderen messen.
Kein Verriss
wird Wunden in mich reißen
und
in keiner Besprechung
wird man mir die Qualität absprechen.

Buch Nummer zweiundzwanzig:
WIE EIN BUCH MIT SIEBEN SIEGELN

Das Buch Nummer zweiundzwanzig hatte es ins Ausland verschlagen, weil es sich ins Reisegepäck seiner Besitzerin geschmuggelt hatte, anstatt weiterhin in larmoyanter Passivität zu verharren. Oft hatte es gehört, dass es im Ausland auch für noch unübersetzte Bücher einfacher sein sollte, weil sie dort einen Exotikeffekt hätten, also etwas Besonderes wären. Zudem hatte das Buch Nummer zweiundzwanzig nichts oder kaum etwas zu verlieren. Kurz vor seiner Flucht beging es jedoch den Fehler, sein beabsichtigtes Abhauen mit seinen sesshaften Kartongenossen zu diskutieren.

– Und was machst du, wenn du in der Fremde nicht zurecht kommen wirst?, fragte Buch Nummer dreiundzwanzig, dem Sicherheit über alles ging.

– Das weiß ich noch nicht. Aber genau dieses Unbekannte ist es, was mich reizt. Wenn ich keine Unsicherheit wollte, könnte ich mit euch gemütlich im inzwischen geräumigeren Karton kuscheln und der Dinge harren, die da kommen mögen.

– Meinst du denn, dass es dir im Ausland besser gehen wird als hier?, fragte Buch Nummer vierundzwanzig.

– Besser vielleicht nicht, aber auf jeden Fall anders. Es geht mir nicht um eine Verbesserung, sondern um eine Veränderung, versuchte sich das Buch Nummer zweiundzwanzig den anderen zu erklären.

– Ich finde es auf jeden Fall mutig, einfach so wegzugehen, sagte Buch Nummer fünfundzwanzig.

– Interessant. Ich finde es fast mutiger, nichts zu unternehmen und zu warten, dass sich von selbst etwas tut.

– Und wenn du im Ausland noch weniger beachtet werden wirst als hier in deiner Heimat, fragte Nummer dreiundzwanzig.

– Ein „weniger" kann es kaum geben. Vielleicht werde ich sogar einen Leser finden, der Deutsch als Fremdsprache lernt und der versuchen wird, mich zu verstehen.

Als das Buch Nummer zweiundzwanzig gemeinsam mit seiner Schöpferin in einem nach Mottenkugeln stinkenden Hotelzimmer im Zentrum von Casablanca eingezogen war, zweifelte es selbst sehr an seiner Idee, im Ausland ein spannenderes Leben führen zu können. Zudem zog es den Ärger seiner Schöpferin auf sich.

– Um Willens willen! Was willst du denn hier? Was soll ich denn mit dir in Marokko anfangen?

– Gibt es hier niemanden, der mich lesen könnte?

– Nicht, dass ich wüsste. Aber ich lasse dich einfach auf dem riesigen Platz vor der Hassan II Moschee liegen. Dort kommen auch deutschsprachige Touristen hin.

– Bitte nicht! Wenn mich Deutsche wollen würden, hätte ich zu Hause bleiben können ...

– Und von wem willst du dann gelesen werden, du naives und dich selbst überschätzendes Buch?

– Von einem oder einer Deutschlernenden! Am besten, du lässt mich irgendwo in der Nähe eines Sprachinstituts liegen, wo man Deutsch anbietet.

So landete das Buch Nummer zweiundzwanzig auf einem sonnigen Platz in der Nähe einer privaten Sprachenschule und es dauerte tatsächlich nicht lange, bis es von einer deutschlernenden Studentin der Informatik entdeckt worden war. Da sie das Verb „lesen" bereits kannte, und in ihrem Kurs gerade der Imperativ durchgenommen wurde, verstand sie den Titel ohne Mühe, worüber sie sehr begeistert war. Auch wenn ihr ansonsten das Buch Nummer zweiundzwanzig wie ein Buch mit sieben Siegeln anmutete, nahm sie es mit und packte es zu ihren Lehrbüchern. Zu Hause suchte sie in einem Wörterbuch stundenlang nach all den unbekannten Vokabeln, die sie aus dem Kontext nicht erschließen konnte. Auch wenn der Text für sie viel zu schwierig war, nahm sie sich vor, jeden Tag eine Seite zu lesen und rechnete sich aus, dass sie dann in circa fünf Monaten ihr erstes deutschsprachiges Buch gelesen haben würde.

WAS IST MUT?

Warum ist es mutiger
etwas zu verändern
als nichts zu verändern?

Warum ist es mutiger
zu bleiben
in einem irgendwo
bei irgendwem
als fortzugehen
in ein nirgendwo
mit nirgendwem?

Warum ist es mutiger
das Bestehende zu verlieren,
um sich neu zu erfinden,
anstatt sich im Bestehenden zu verlieren,
ohne sich jemals gefunden zu haben?

Buch Nummer dreiundzwanzig:
AM URSPRUNG

Das Buch Nummer dreiundzwanzig verstand die anderen, das heißt deren süchtiges Sehnen nach dem Gelesenwerden nicht mehr. Früher hatte es unaufhörlich seine Seitenzahlen und Kapitelüberschriften überprüft, um sich zu vergewissern, ob sich alles nach wie vor am rechten Ort befand. Keines seiner Kapitel durfte durcheinandergeraten, es wollte stets bereit sein für jeden, der sich auch nur im Entferntesten für es interessieren könnte. Eines Tages bemerkte es mit Erschrecken, dass die Schwärze seiner Buchstaben verblasste, dass seine Seiten immer härter wurden und sein Deckel immer schwerer. Es fühlte sich täglich steifer und unbeweglicher.

– Mein Ende naht, sagte es zu den anderen und bekam keine Antwort.

– Hört ihr mich denn nicht? Bitte sprecht mit mir, fuhr fort es, aber es blieb still in der Schachtel.

Da es anscheinend inzwischen in einer für die anderen unverständlichen oder unhörbaren Sprache redete, wuchs seine Einsamkeit ins Unerträgliche.

– Es gibt nur einen einzigen Weg für mich: Ich muss weg, sagte es leise zu sich selbst.

Mit letzter Kraft kletterte das Buch Nummer dreiundzwanzig aus dem Karton und schleppte sich die drei Etagen auf die Straße hinunter bis in den benachbarten Park. Als es bei einem großen, allein stehenden Baum angekommen war, lehnte es sich erschöpft an dessen Stamm. Der Geruch der Rinde hüllte es behaglich ein und schenkte ihm eine Ruhe und eine Zufriedenheit, die es in seinem Bücherleben bisher nicht gekannt hatte. Langsam fielen seine sämtlichen Buchstaben aus und seine Seiten lösten sich auf. Danach lösten sich sein Rücken und seine Vorderseite auf. Ohne einen einzigen Moment zu leiden, verschwand es vollständig im Innern des Baumes.

ZURÜCKGEKEHRT

Zu meinen Wurzeln
unbeschwert
zurückgekehrt
nimmt er mich mehr und mehr auf
der Baum,
denn aus seinem Holz
hat man mich erschaffen
und zu seinem Holz
bin ich
zurückgekehrt,
damit mich seine Wurzeln
umschlungen halten
am Tag und in der Nacht.

Zum ersten Mal
fühle ich mich verwurzelt
in der Welt.

Buch Nummer vierundzwanzig:
KNAPP AM GLÜCK VORBEI

– Wie ist es denn gelaufen mit dem Vertrieb der Bücher? So wurde die Schöpferin eines Tages von einer entfernten Bekannten gefragt.

– Naja, bis auf zwei und mein Vorleseexemplar bin ich alle losgeworden. Es hätte also wesentlich schlechter sein können, andererseits weiß ich nicht, ob ich mein nächstes Buch wieder im Selbstverlag herausbringen würde. Es ist schon frustig, wenn es so gar kein mediales Echo gibt.

– Weißt du was, gib mir doch ein Leseexemplar mit, dann schreibe ich eine Rezension. Du weißt, dass ich seit Kurzem für eine kleine Tageszeitung arbeite, die einmal in der Woche ein Buch vorstellt.

– Oh, das wäre ja super! Falls sich dadurch neue Leser finden würden, könnte ich neue Exemplare drucken lassen.

Die Bücher Nummer vierundzwanzig und fünfundzwanzig, die den Dialog aus dem Karton heraus mitbekommen hatten, wären beinahe vor Glück herausgesprungen. Da sie aber die Journalistin auf keinen Fall abschrecken wollten, wussten sie sich ausnahmsweise gut zu benehmen.

– Hier hast du ein Exemplar!, sagte die Schöpferin und überreichte das Buch Nummer vierundzwanzig der Journalistin.

– Bin sehr gespannt, was du darüber schreiben wirst!

– Ach, das sieht ja putzig aus und ganz schmal, lachte die Bekannte der Schöpferin.

– Der Schein trügt. Es ist nicht so leicht verdaulich, wie es wirkt.

– Dann schauen wir mal, was mir dazu einfallen wird, wenn ich es gelesen habe. Vielleicht finden sich durch den Artikel tatsächlich noch weitere Leser oder gar ein Verlag.

Obwohl der angekündigte Zeitungsartikel niemals geschrieben oder veröffentlicht werden würde, löste das gezeigte Interesse sowohl bei der Schöpferin als auch beim Buch Nummer vierundzwanzig beträchtliche Glücksgefühle aus. Es verhielt sich mucksmäuschenstill in der Tasche der Journalistin, vor der es einen großen Respekt hatte. Auch wenn es tagelang nicht von ihr beachtet worden war, wagte es kein Wort an sie richten. Es wollte die Chance, gelesen und besprochen zu werden, auf keinen Fall zunichte machen. So wartete es viele Tage, denn die Journalistin hatte bei der Zeitungsredaktion nachgefragt und erfahren, dass Rezensionen von Büchern, die im Selbstverlag erschienen waren, leider nicht veröffentlicht werden würden. Diese Tatsache frustrierte die Journalistin dermaßen, dass sie keine Lust mehr hatte, das Buch ihrer Bekannten in die Hand zu nehmen. Eines Tages stellte sie es in ihr Regal und traute ihren Ohren kaum:
– Das Erfüllen von Versprechen gehört nicht zu deinen Stärken, sagte das Buch Nummer vierundzwanzig, das nichts mehr zu verlieren hatte.
– Wer spricht hier mit mir?, wunderte sich die Journalistin
– Das Buch, das du soeben ungelesen ins Regal gestellt hast.
– Cool! Das hatte ich auch noch nicht: Ein sprechendes Buch! Wahrscheinlich sollte ich wieder öfters unter Leute gehen, anstatt langsam verrückt zu werden. Oder vielleicht wäre es eine gute Idee, dieses Buch tatsächlich zu lesen. Schlimmer als irre kann ich davon nicht werden.

Das Buch Nummer vierundzwanzig sparte sich jegliche weitere Äußerung, weil es die Journalistin nicht dazu bringen wollte, einen Psychiater aufzusuchen oder sich womöglich selbst in eine Klinik einzuweisen. In aller Stille hoffte es, dass es gelesen werden würde.

K(L)EINE WUNDER

Bisweilen wundere ich mich darüber
    dass es mir wunderbar geht
    in einem Zustand
    in dem ich mich nicht mehr darüber wundere
    dass es keine Wunder gibt
    und dass genau darin
    das Wunder zu bestehen scheint.

Buch Nummer fünfundzwanzig:

DAS LETZTE

Da es das Letzte war, nahm es seine Schöpfern aus der Schachtel und entsorgte diese im Altpapier. Es erblickte zum ersten Mal das Licht der Wohnung und erkannte aus der Ferne direkt Buch Nummer fünfzehn, das als Vorleseexemplar im Regal stand. Da keine weiteren Lesungen mehr stattfanden, hing es inzwischen untätig herum.

– Was mache ich nun mit dir?, wurde das Buch von seiner Schöpferin gefragt.

– Du könntest mich bei deiner nächsten Reise in einem ICE vergessen.

– Das ist eine super Idee! Und bis dahin stelle ich dich ins Regal zu deinem zerfledderten Gefährten.

Dagegen konnte das Buch Nummer fünfundzwanzig nichts einwenden, auch wenn es lieber einen unbekannten Gesprächspartner gehabt hätte. Das Letzte, was es wollte, war folgende Frage:

– Warum bist du übrig geblieben?

Das Buch Nummer fünfundzwanzig machte sich große Selbstvorwürfe, dass es nicht im Kultursalon geblieben war, um auf einen an ihm interessierten Konzeptkünstler zu warten. Im Gegensatz zu dem ebenfalls zurückgekehrten Buch Nummer neunzehn, hatte es nicht das Glück gehabt, einem Bücherwurm zum Geburtstag geschenkt zu werden. Warum nur gab es keinen weiteren Leser und warum hatte es nicht auch nach Buda PeSCHt fliegen dürfen oder gar nach Buenos Aires reisen, um in einer dortigen Institutsbibliothek zu wohnen. Warum war es nicht mit der Schöpferin nach Marokko geflogen, um einen weiteren Deutschlernenden zu finden, der sich die Mühe machen würde, es mit Hilfe eines Wörterbuches satzweise zu verstehen. Warum war es noch hier, warum fristete es eine unnütze Existenz in der Gesellschaft desjenigen, das zwar ebenfalls bei der Schöpferin geblieben war, aber dennoch eine sinnvolle Aufgabe gehabt hatte. Es war ein Buch, war als Buch geboren worden, um ein Bücherleben zu führen und um seine Schöpferin zu überleben. Alle seine Wörter schrien nach der Beachtung, die ihm bisher versagt geblieben war. Seine Satzzeichen streckten und reckten sich und das LIESMICH auf seiner Vorderseite strahlte nahezu unwiderstehlich. So gelang es ihm, seine Schöpferin zu überreden, es auf ihre nächste Reise mitzunehmen und in einem Großraumwagon der zweiten Klasse zufällig liegen zu lassen. Was aus ihm geworden war, ließ sich nicht herausfinden. Es könnte sein, dass es vom Reinigungspersonal weggeworfen worden war oder dass es tatsächlich jemand entdeckt und mitgenommen hatte. Vielleicht hatte es seinen Weg in die Hauptstadt gefunden, vielleicht war es unterwegs mit seinem potenziellen Leser ausgestiegen, lebte irgendwo in einer kleinen Stadt und wurde in einem Freundeskreis umhergereicht. Vielleicht hatte es einer der Zugbegleiter liegen gesehen und seiner fast erblindeten Mutter kapitelweise vorgelesen, anstatt sich jedes Mal ihr Gejammer über ihr nachlassendes Augenlicht anzuhören. Womöglich ist es in das Kleinkinderabteil verschleppt worden und aus seinen Seiten wurden Schiffchen oder Flieger gefaltet. Vielleicht wurde es als Unterlage für eine Tasse Kaffee verwendet und danach gemeinsam mit dem Pappbecher weggeworfen. Möglicherweise hatte es ein Manager mit in den Bistrowagen genommen, kurz angelesen und danach seiner nach Berlin versetzten Geliebten als Geschenk mitgebracht. Wie auch immer, es hatte seine Chance gehabt und das war das Allerwichtigste.

– So, ich lasse dich jetzt alleine und wünsche dir viel Glück, sagte die Schöpferin zum Buch Nummer fünfundzwanzig und stieg in Hannover aus.

LIES MICH

Zu dir gehöre ich
von dir und für dich wurde ich erschaffen
zu dir gehöre ich,
auch wenn du mir niemals ganz gehören wirst.

Komm zu mir
vertröste mich nicht täglich neu.
Verschwinde mit mir,
um in mir zu verschwinden.
Komm, schlag mich endlich auf
und

Lies mich!

Nachrede

Inzwischen lebe ich alleine in der Wohnung meiner Schöpferin. Was aus den anderen vierundzwanzig geworden ist, weiß ich nicht. Ich nehme an, dass das eine oder andere von ihnen sogar mehr als einen Leser gefunden haben dürfte und noch finden wird. Das Wichtigste wurde auf jeden Fall erreicht: Rauskommen und eine Chance bekommen. Ob ich bzw. meine vierundzwanzig Klone bei ihren vergangenen oder zukünftigen Lesern Sympathie erweckten oder erwecken werden, ist in dieser Hinsicht zweitrangig, denn es würde wenig über unseren Gehalt aussagen, denn was gefällt, ist noch lange nicht gut und was nicht gefällt, hat dennoch eine Existenzberechtigung. Im Namen meiner vierundzwanzig Klone und in meinem eigenen bedanke ich mich bei all den Lesern, die mich nicht nach wenigen Seiten zur Seite gelegt, sondern bis zum letzten Kapitel durchgehalten haben. Es gibt sie noch, die beharrlichen, die intensiven, die tiefen und die geduldigen Leser, was mich und meine vierundzwanzig Klone natürlich ganz besonders freut. Manchmal, wenn ich im Regal stehe und mich mit meinem Nachbarn, einem Arabisch-Wörterbuch, unterhalte, bin ich froh darüber, dass ich überhaupt da bin, das heißt, dass es mich gibt und denke nicht mehr darüber nach, was alles hätte passieren müssen oder können, damit ich und meine Klone hätten bekannter werden können.

Inhalt

Die Autorin

Die Autorin sara reichelt ist Diplom-Psychologin, Judaistin und Religionswissenschaftlerin. Sie lebt aktuell in Berlin, wo sie Deutsch als Fremdsprache unterrichtet. Seit 1986 veröffentlicht sie in Anthologien, Zeitschriften und Einzelveröffentlichungen, etwa „Wenn du mich suchen willst" (2005), „Wer hat Angst vorm Seitensprung" (2008), „Seiltänzer" (2011), „Die (Un-)Möglichkeit der Liebe" (2011), „LIES MICH" (2014)

Liebe Leserin, lieber Leser,

hat Ihnen LIES MICH gefallen? Inzwischen haben viele, neue Klone des Ur-Buchs das Licht der Welt erblickt. Sie hoffen genauso wie die ersten fünfundzwanzig, ihren Weg aus dem Karton zu neuen Lesern zu finden. Es wäre sehr schön, wenn Sie ihnen dabei helfen würden. Am liebsten jetzt sofort, bevor Sie, liebe Leserin, lieber Leser, das Buch endgültig aus der Hand legen. Empfehlen Sie es guten Freunden, schreiben Sie eine positive Bewertung im Shop vom Verlag 3.0 und/oder dort, wo Sie es gekauft haben.

Berichten Sie darüber bei Facebook, Xing, Twitter und Co., verfassen Sie eine Rezension für einen Blog oder eine Zeitung, gerne mit Hinweis auf die Buchbeschreibung der Verlagshomepage:

https://buch-ist-mehr.de/portfolio/lies-mich

Dieser QR-Code, der auch auf der Buchrückseite zu finden ist, führt Sie direkt auf mein Autorenprofil bei Verlag 3.0 mit Informationen über meine Person, Neuerscheinungen und aktuelle Termine.

Ich danke Ihnen, dass Sie mein Buch gelesen haben.

Ihre
sara reichelt

Autorenprofil

Danksagung

Ganz besonders danke ich meinem Literaturagenten und Lektor Hubert Quirbach, der meinen Schreibprozess von Anfang an begleitet und für mich den Verlag 3.0 gefunden hat. Ohne ihn wäre das Buch LIES MICH höchstwahrscheinlich nicht geboren worden.

Mein großer Dank gilt zudem dem Team vom Verlag 3.0. Durch das Herzblut und das große Engagement von Kerstin Litterst und Zsolt Majsai ist es zu einer wunderbaren Zusammenarbeit gekommen, die hoffentlich auch nach der Veröffentlichung von LIES MICH weitergehen wird.

Auch möchte ich mich bei Jeannette de Payrebrune ganz herzlich bedanken. Sie hat für das Cover eine Collage gestaltet, die sowohl künstlerisch beeindruckt als auch ideal zum Inhalt passt.

Und zu guter Letzt bedanke ich mich ganz besonders bei Severin Linden, der 2012 im Alter von 15 Jahren mein erster Leser war und mir beim Schreiben der Rohfassung seine spannenden Ideen in langen E-Mails schickte.

Weitere Werke
der Autorin, bestellbar bei

sara reichelt

SEILTÄNZER

Roman

SEILTÄNZER

Tief in Ihrem Inneren wohnt eine große Kraft, die Sie seit uralten Zeiten nicht mehr spüren können, von der Sie seit Ewigkeiten keinen Gebrauch mehr machen, von der Sie kaum etwas wissen oder ahnen. Eine große Kraft, die Sie am Leben erhält, auch wenn es in Ihren Augen ein eingeengtes und beschränktes, ein verschüttetes und zerrüttetes Leben ist.

„Glauben Sie wirklich, dass wir es ohne Ihre Hilfe und ohne die Hilfe der Anderen schaffen könnten?"

„Ja."

„Und wie?"

„Vergessen Sie all das Gesagte, vergessen Sie mich und die Anderen und gehen Sie her und heute den ersten Schritt auf dem vor Ihnen gespannten Seil."

„Einverstanden, aber nur mit Sicherheitsnetz."

„Das Sicherheitsnetz würde Ihnen die Seiltanzkunst nur bedingt erleichtern, denn Sie würden sich daran gewöhnen, abgesichert zu sein …

DIE (UN–)MÖGLICHKEIT DER LIEBE

Ein Prosagedicht mit 40 Anfängen und 200 Sätzen

sara reichelt

DEL AMOR AL DESAMOR

Un poema en prosa con 40 encabezamientos y 200 frases

Die (Un-)Möglichkeit der Liebe

Ein Prosagedicht mit 40 Anfängen und 200

Bitte nimm mich an ...

... als Dein ganz besonderes Geschenk,
von dem du denkst,
es nicht verdient zu haben,
schneide die Schleife durch
und pack mich aus ...

Por Favor, acéptame ...

... como un regalo muy particular
si bien te parezca no habértelo merecido,
pero corta el lazo
y abreme ...

Lyrik in 2 Sprachen: Deutsch und Spanisch

Von sara reichelt
Spanische Version von Gabriela Michaelis

Meine persönliche Empfehlung
aus dem Verlagsprogramm
(sara reichelt)

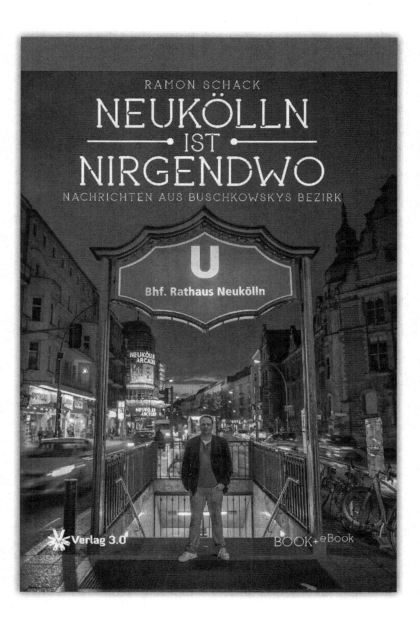

Auf den Spuren von Ramon Schacks
NEUKÖLLN IST NIRGENDWO

Eine Rezension von sara reichelt (2013)

Als NeuNeuköllnerin und ehemalige Kölnerin habe ich bereits vor dem Umzug „NEUKÖLLN IST NIRGENDWO – Nachrichten aus Buschkowskys Bezirk" gelesen.

Seit meinen ersten Schritten in der Wahlheimat fühle ich mich permanent an Ramon Schacks Buch erinnert. Seine Sichtweise auf diesen ganz speziellen Kosmos mit mehrsprachigen Ladenschildern, Treffpunkten von jungen und jung gebliebenen Bohemiens, berlinernden Alteingesessenen und einem riesigen Ständer mit islamisch korrekten Gummibärchen in einer der vielen Apotheken erscheint mir sehr nachvollziehbar; sie ist weder beschönigend noch problematisierend. Sie fordert auf zum Entdecken und zum Mitmischen.

Als unterhaltsame und gleichzeitig informative Gegendarstellung zum Bestseller „NEUKÖLLN IST ÜBERALL" des amtierenden Bezirksbürgermeisters Heinz Buschkowsky bietet Ramon Schacks Buch eine Einladung, mit neugierigem Blick und fremdsprachenoffenen Ohren den dortigen Alltag anzugehen. Auch für temporäre Besucher ist es geeignet, weil es bestimmte Szenetreffs und Kulturorte auffindbar und atmosphärisch stimmig beschreibt.

Anstatt sich in soziologischen Analysen zu verheddern und Klischees zu bedienen, beschreibt der Autor auf 174 überwiegend kurzweiligen Seiten Neukölln von innen. Ausgehend von seinen eigenen Erlebnissen – der Diplom-Politologe, Journalist und Publizist Ramon Schack lebt seit 2011 vor Ort – und denen seiner Bewohner, denen er sogar ein langes Kapitel widmet, entwickelt er stimmiges Bild. In Form von Interviews, bei denen die Fragen weggelassen worden sind, kommen Menschen zu Wort, die genauso facettenreich sind wie Neukölln selbst. Der Autor ist nahe dran an den Menschen, verliert sich aber nicht in einem rosaroten Blick, sondert schildert sogar eine Episode, in der er körperlich angegriffen wurde und sich glücklicherweise erfolgreich wehren konnte oder detailreich die bürokratischen Verstrickungen eines Stadtteilentwicklungs-Projekts.

Dieses Buch ist weder ein Fachbuch noch ein Reiseführer; es entzieht sich einer klaren Einordnung. Ähnlich wie Neukölln möchte es lesend erlebt, genossen und nicht einsortiert werden.

Ramon Schack über sein Werk:

NEUKÖLLN IST NIRGENDWO

Warum? Nun, dieser Stadtteil befindet sich auf einer Reise, deren Geschwindigkeit permanent zunimmt, mit unbekanntem Ziel.

Neukölln heute, das ist der aufregendste Ort der Republik.

Ein explosiver und stimulierender demographischer Mix aus Schwaben und Salafisten, Hipstern und Harz-4-Empfängern, Proleten und Philosophie-Studenten, Malochern und Modedesignern, kleinbürgerlich bis bettelarm, neureich und neurotisch, von hektischen unternehmerischen Aktivitäten erfasst, wo Lebenslust, Vitalität und Frust ein einzigartiges Gefühl ergeben, welches durch den Begriff „Urban" nur sehr unzureichend erklärt wird.

Die Kurzgeschichten in diesem Buch basieren auf eigenen Erlebnissen, was natürlich nicht bedeutet, dass ich dadurch den Anspruch erhebe, die Wahrheit über Neukölln niedergeschrieben zu haben, was immer man sich darunter vorstellen mag. – Es handelt sich um eine persönliche Betrachtung.

ISBN 978-3-944343-74-7